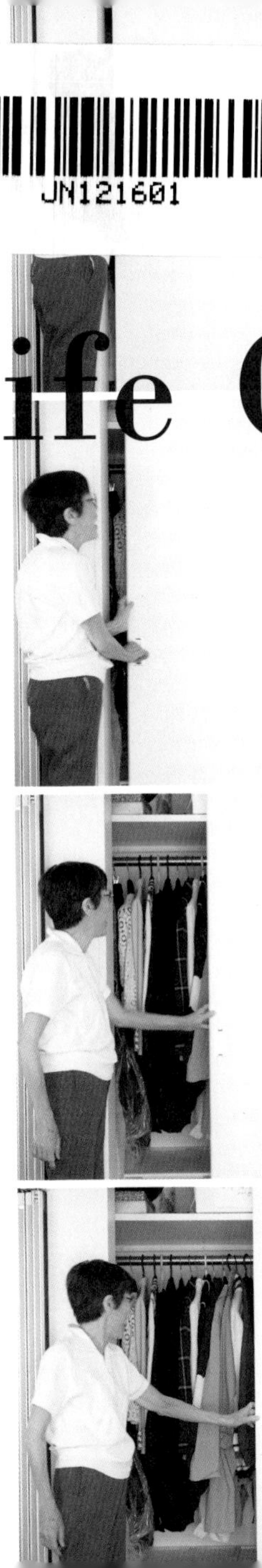

Life Closet

Yuriko Nishi

fusosha

はじめに
―服と共に生きる日々―

私は24歳のときにスタイリストとして独立し、ファッション雑誌の仕事を皮切りに、モデル、タレント、アーティストの方々などのスタイリングを手がけてきました。40代からは、ドラマや映画の中で俳優や女優が着る服をスタイリングする、ドラマスタイリストの仕事が中心になりました。

「一般女性のスタイリングをしませんか？」

と言われたこともありましたが、正直、あまり気乗りしませんでした。女優が衣装をまとい、その役柄が輝きを放つ瞬間に立ち会うことのほうが魅力的に思えたからです。

ところが、70代になって、一般の方たちに着る楽しさを伝え、おしゃれの基礎知識を身につけていただくための『着る学校』を始めたところ、私自身、驚くほど多くの発見があったのです。

「自分に似合う服がわからない」

と、レッスン前は暗い顔をしていた生徒が、その人の個性に合った服を着られるようになると、みるみる表情が明るくなって、生き方までも前向きに変わっていく――。一人ひとりが生き生きと輝き始めたのです。

「服にはこれほどの力があるのだ！」

ドラマや映画の世界だけでなく、現実の生活のなかであらためて服の力を実感したことで、私自身の人生と服の関わりを、いま一度振り返ってみたくなりました。

思い返せば、物心ついたときから70代の現在まで、私の人生は服と共に歩み、服と共に生きてきた日々でした。いくつになってもおしゃれをしたいからこそ前を向き、辛いときや悲しいときもお気に入りの服に寄り添ってもらいながら、ここまで歩いてきたのです。

そんな服と私の日々を、自分の手で綴ってみました。服と共に生き、服と共に笑う――このエッセイを通じて、服に秘められた無限のパワーをお伝えすることができたら嬉しいです。

Contents

#3 「衣」「食」「住」
――感性を眠らせない豊かな暮らし方

#4 どんなシーンでも主役でいるために

#5

60代から70代へ もっと楽しく 人生をリ・スタート

デザイン　茂木隆行
撮影　山川修一、山田耕司（ともに扶桑社）
構成　内山靖子
校正　小出美由規
編集　市原由衣
企画協力　立川浩久、松平知子（ともにノート株式会社）

撮影協力　マゼラン湘南佐島　046-855-3071
Whitely by TORIBA COFFEE　046-876-6869

いくつになっても「かっこいい」をあきらめない

#1

昔も今も、私が言われていちばん嬉しいのは「かっこいい」という言葉です。肩ひじ張らず、自然体でありながら、おしゃれにも、生き方にも自分の軸をきちんと持って、颯爽と歩いていく女性。70代になっても、そんな「かっこいい」を目指しています。そのためには「水面下での努力」も惜しみません。壁にぶつかっても、落ち着いて深呼吸して、「かっこいい」をあきらめない自分でいたい。そんな私の日々について、お話ししましょう。

クローゼットの中は好きな服だけ

「どれくらい、服を持っているんですか？」

スタイリストが、よく聞かれる質問です。スタイリストはおしゃれに気を遣っているのが当たり前。最新の流行にも敏感なので、クローゼットの中にはきっと服があふれているに違いないと思われているのでしょう。

私の場合はといえば、クローゼットの大きさは約二間。縦横の長さがタタミ約2畳分といえば、今どきの若い方にもわかっていただけるでしょうか。右側に秋冬もの、左側に春夏もの。その二間のクローゼットの中に、オールシーズンの服をすべて収納しています。シワになりやすいものはハンガーラックにかけ、ニットやTシャツなどの畳めるものは、その下に並んでいる8個の衣装ケースの中に。

現役のスタイリストが持っている服の数としては決して多いほうではありません。むしろ、かなり少ないと言えるでしょう。もちろん、若い頃はそれこそ数えきれないほどの服を抱えていました。

「1年365日、毎日違う服に着替えられるかも」なんて笑い話をしていたくらい。でも、そんな時代はもう終わり。70代を迎えるにあたり、今の自分にとってピンとこない服や、「便利な服」「無難な服」はすべて処分したのです。70代は、仕事や家族のしがらみからもようやく解放される年代です。せっかく自由になれるのだから、これからは自分が好きな服だけを着て、身も心も軽やかに生きていきたいなって。

そうして、私のクローゼットの中は、本当に好きな服だけになりました。自分の好きな服だけしかないクローゼットを見るたびに、

「さあ、今日はどれを着よう?」

と、毎日、服を選ぶのが楽しくてたまりません。自分が心底気に入っている服は、何回着てもワクワクします。好きな服はどこかに共通点があるらしく、不思議なことに、どれとどれを組み合わせてもマッチします。

今思えば

「どうしたら、かっこよく見られるかしら?」

ということにとらわれていた時代には、本当に自分らしいクローゼットとは言えなかったでしょう。私にとって、クローゼットは人生そのもの。数々の引き出しの中には、これまでの人生で経験した悲喜こもごもや、私の分身とも言える大切な服がしまってあります。理想のクローゼットにたどり着いた今、誰かに聞かれたらこう答えます。

「私のクローゼットには、好きな服しか入ってないの」って。

いくつになっても「かっこいい」をあきらめない

明るいカラーで年齢に負けない

鮮やかなブルー、グリーン、黄色など、70代になってから、明るい色の服を着るようになりました。色の力って、本当に不思議です。どんな色の服を着ているかで、その日の気分がガラッと変わってしまうから。赤い服を着ている日は自然と元気になれますが、グレーやダークブラウンの服を着ているときは、心までなんとなく沈みがち。

実際に、私にもこんな経験がありました。50代の約2年間、暗い色の服だけを着て過ごしてみたのです。

「服に関しては、もう極めたから冒険しなくてもいい」

当時の私はちょっぴり天狗になっていて、仕事の現場で「いかにもスタイリストでございい」と見えるような黒やネイビーの服ばかりを着ていたのです。そうしたら、仕事に対するヤル気だけでなく、生きる気力までどんどんうせていってしまって…。色のパワーをあなどってはいけないと、身をもって実感させられました。エネルギーがありあまっている若い人ならいいけれど、体力や気力が衰えていく年齢になった自分が、毎日暗い色の服を着ているのは危険だと。それ以来、努めて明るい色の服を着るようにしています。

ちなみに、ここぞというときの私のテーマカラーは黄色です。洋服でもバッグでも、どの色にしようかと迷ったときは必ず黄色を選びます。気学で言うところの五黄土星の生まれだからというのもひとつの理由ですが、黄色の服を着ると顔つきが明るく見えて、

「西さん、いつも楽しそうですね」

と、周囲の人たちの気持ちまで明るくしてくれるから。私が明るい色の服を着ることで、周りの人までハッピーになれるなら、こんなに素敵なことはありません。ピンクでもブルーでも、「どんとこい！」です。

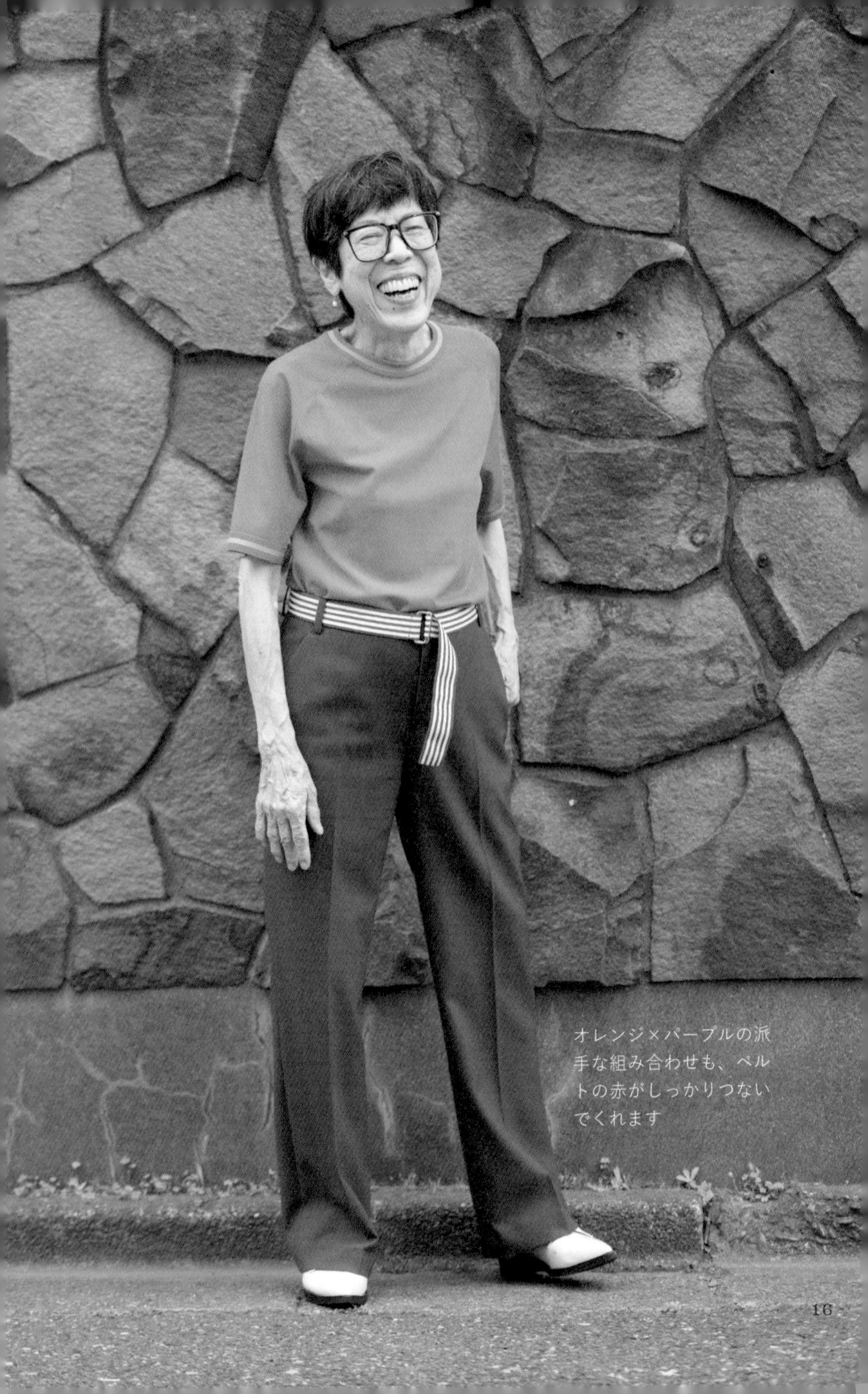

オレンジ×パープルの派手な組み合わせも、ベルトの赤がしっかりつないでくれます

大好きなイエローのレインコートを羽織って。足元の真っ青な靴下がよく映えて元気が出ます

「流行」も「定番」も自分らしく攻略したい

職業柄、最新のファッションをチェックするのは当たり前のことですが、もともとミーハーな性格なので、自分のために新しい服を買うときもやっぱり「流行」が気になります。若い人たちに人気の服が並んでいる渋谷の109も、時々、探検に出かけます。流行の服には〝旬のパワー〟があふれているので、身につけるだけでウキウキするし、時代の流れに乗って自分自身をアップデートしていくことはとても楽しいことだから。


もちろん、トレンドの服を若い人たちと同じ着こなしで着るのは〝イタい〟ので、私なりに工夫して、

「ほら、70代はこんなふうに着るのよ」

というスタイルを見つけ出すのも、また楽しい。流行の服だけに限らず、定番のデザインの服に関しても、

「どうしたら、もっと自分らしく着こなせるだろう」

と、常に試行錯誤の繰り返し。

実は、私はチェック柄が苦手です。ブルーの地にオレンジというような組み合わせのチェックなどは大好きなのに、いざ自分が着てみると、どうにもしっくりこないのです。

「お前は、本当にチェックが似合わないな」

と、夫にもいつも言われていました。それなのに、気になる色のチェックのシャツを見つけるたびに性懲りもなく買ってきてしまう。それは、

「なんとかして、チェックを着こなしたい」

という思いがずっと心にあるからです。

近頃は、これまであまり着ることのなかったジャケットにも挑戦しています。「服をかっこよく着るには姿勢が大事」と肝に銘じてはいるものの、70代になったら自然と猫背になってきて、気を抜くと鏡に映った自分が老人の姿になっていることもしばしばです。

「これではいけない！」

背筋をシャキッと伸ばすことを意識するために、クローゼットの奥で眠っていたジャケットを復活させることに決めました。確かにカジュアルな着こなしに比べると、心身共にいささかの緊張感が生まれます。でも、

「毎年、今年がピークだと思って、おしゃれにトライするのよ」

という先輩の言葉を励みに、流行の服も定番の服も、今の自分の年齢にふさわしい攻略法を見つけていけたらと思います。

苦手なチェックも懲りずに挑戦。ワンピースタイプを風になびかせると、私らしさが

〝自分らしさ〟は帽子で演出

アイドルのスタイリングをしていた30代の頃、洋服の歴史をひもといて、西欧では「帽子と手袋は必須アイテム」ということを知りました。そういえば、ヨーロッパの王室の方々は正式な場に出席するときは必ず帽子をかぶっていますし、日本の皇室も同じです。それ以来、タレントさんのスタイリングをするときや、自分自身の着こなしを考えるときも、帽子は私に欠かせないアイテムになりました。

長年、愛用しているのは日本人の頭の形をいちばんきれいに見せてくれるアキオ・ヒラタの帽子です。ニットやファーの帽子も寒い季節には欠かせません。帽子は本当に便利です。暑さ、寒さを防いでくれるだけでなく、ポロシャツにコットンパンツといったシンプルな装いでも、そこに帽子をひとつかぶるだけで、たちまちおしゃれな着こなしに早変わり。ゴミ出しに行くようなラフな恰好でも、帽子をかぶって、私は平気でお出かけしちゃいます。

もうひとつ、私にとって帽子は自分の個性を演出するためのアイテムです。基本的にコンサバな服が好きなので、奇をてらったデザインの服を着ることはありません。でも、ベーシックな装いに個性的な帽子をひとつプラスするだけで、

「ん? ヘンな帽子をかぶってる!」


って、すれ違う人たちが振り返る。

「ヘンな帽子」と思われたら大成功!

私にとっては最高の褒め言葉です。

「出る杭は打たれる」という言葉もありますが、70代にもなれば、もはやだれかがわざわざ杭を打ちに来ることもありません。だから、毎日、鏡の前でにらめっこ。

「今日は、どんな帽子がいいかしら?」って。

写真上・ツバのある中折れ帽子も、色が変われば途端に印象が変わります。その日の気分に合わせてチョイス

写真右・帽子のツバは少し下げるのが今年流。長年の愛用アイテムも、そのときの流行に合わせるのがおしゃれの秘訣です

スニーカーでどこまでも歩く

青春時代を野球部で過ごした夫は、いつもアディダスのスニーカー。黒地に白い線が3本入った、定番のオフィシャルシューズを履いていました。私はというと、スニーカーは苦手。昔からスポーツは得意ではなかったし、運動靴はしょせん運動靴。おしゃれなファッションには向かないと思っていました。

ところがです。数年前に30代の二男と同居を始め、彼の部屋に入ってみると、壁一面にスニーカー！　スニーカー！　スニーカー！

「こんなにたくさん、いつ履くの!?」

聞けば、今、若者の間でスニーカーはファッションに欠かせないアイテムになっているとか。コレクターもいて、なかには美術品のように高値で取引されるものまであるというのです。

「世の中そんなことになってるの！」

大いに刺激された私は、さっそくネットでスニーカーを探して、数あるなかからいちばんシルエットが美しいと思ったナイキのコルテッツというタイプを買いました。

届いたその日のことは、今でもはっきり覚えています。足を入れた途端、ふわふわとまるで雲の上を歩いているみたい。今まで履いていた靴はなんだったんだろうと思うほど、どこまでも軽やかに歩いていけそうでした。それ以来、春夏用、秋冬用と、季節ごとに新しいスニーカーを購入し、今では、すっかりスニーカーのファンになりました。この靴があれば、この先80代、90代になっても、自分の足で行きたいところに行って、やりたいことがやれそうです。

写真上・白と黒のナイキのコルテッツに、私が仕事でお世話になっているVEGEのスニーカー。かかとが高いのが今っぽい！

写真左・PINKOの靴下は、あえてロゴを内側にしてさりげなく。スニーカー×靴下の組み合わせでどこまでも楽しめます

PINKD

人生も
おしゃれも、
常に上を向いて

何年か前に、「シニアになったら、人生という山の下り方を考えよう」という内容の本が注目されたことがありました。でも、私はそうは思いません。人生もおしゃれも、常に上を向いて歩いていきたい。年齢を顧みず、無理して険しい山に登る必要はないけれど、「このあたりで、もう十分」と、山から下りてしまうと、毎日がつまらなくなってしまうと思うのです。

とはいっても、私の場合、日々の生活のなかでそんなに大それたことをしているわけではありません。夕食を作るときに、三國シェフの動画を参考にして定番のメニューに新しいアレンジを加えたり、ベレー帽に前髪をすべて入れて、いつもとは違うかぶり方をしてみたりとか。些細なことでも、新しい試みにトライしてみると楽しいいし、一日があっという間に過ぎていく。それが私にとって「山を登る」ことなんですね。

もちろん、この先の人生にまったく不安がないわけではありません。とはいえ、やみくもに老後の心配をしたり、嫌なことが起こらないようにビクビクしていると、その不安が現実になる可能性がかえって大きくなってしまうような気がします。そして、どの道起きることならば、前もってあれこれ心配するよりも、起きたときにどう対処するかを考えたほうが悩んでいる時間も短くて済むんじゃないのかなって。

人生の山を楽しく登り続けて、登りつめたところで果てればいい。そんな生き方が、私にはきっと似合っているのでしょう。

60代からは、なんでも「ハイ！」と言う

60代も半ばになった頃、以前、とてもおしゃれなファッション誌を作っていた編集長から連絡がありました。その彼も私とほぼ同年代。いったんリタイアしたけれど、

「一緒に、またなにか新しいことを始めたいんだよね」

ということで、私を含め、かつて彼と仕事をしていた才能あふれるスタッフたちが集まったのです。ところが、話が一向に進みません。せっかくだれかが面白いアイディアを出しても、「ああ、そんなことは知ってる」と知らん顔。「今どきの、こういうやり方はどうだろう？」と提案しても、「いや、俺たちの時代にそんなやり方はあり得なかった」と受け入れない。

「これじゃあ、ダメだ」

そのときに気がつきました。年をとればとるほど、素直じゃなきゃいけないのだと。ただでさえ、どんどん頭が固くなっていく年齢ですから、他

人の意見や提案に「ハイ！」と言って素直に耳を傾けないと、自分が知りたいことや新しい情報がいっさい入ってこなくなる。私も気をつけなきゃいけないないなって。

対照的に、最近、「かっこいい」と思ったのがプロ野球のダルビッシュ有選手です。今年で37歳になる彼は『侍ジャパン』のなかでは最年長。長年、メジャーリーグで活躍してきた輝かしいキャリアの持ち主です。なのに、自分のキャリアをひけらかすことなく若い選手たちと一緒にトレーニングに励み、自分より年下のピッチャーに、

「君の変化球は、どうやって投げているの？」

と、素直に質問を投げかけていたと聞きました。そのフラットな姿勢、本当に素敵です。「私もかくありたい」と思います。

愛車の中で自分時間を過ごす

30歳で長男を出産したのを機に、都心から郊外へお引っ越し。二男、三男が生まれてからは、自転車の前と後ろに上の2人を乗せて、三男をおんぶして保育園まで送っていく毎日でした。それだけでも大仕事だった上に、当時私が通っていたテレビドラマのスタジオはどこもとても遠いところにありました。最寄りの駅からのバスも1時間に1、2本あるかないかで、いつも撮影開始時間のギリギリに駆け込むのが常でした。

そんなある日、ポツンと一人でバスを待っている間に、ふと思いついたのです。

「そうだ、免許を取ろう」

37歳のときでした。

車で移動するようになって感じたいちばんのメリットは一人になれる時間ができたことです。撮影現場に行けば大勢のスタッフに囲まれて、保育園にお迎えに行けば子どもたちが飛びついてくる。自分一人きりで過ごせるのは車の中だけ。当時の私にとってはかけがえのない時間でした。

ファーストカーは「安全第一」の頑丈な車を選びましたが、運転にも慣れた頃、

「もっとかっこいい車に乗りたい」

と思うようになりました。そこで選んだのがオープンカー。オープンカーに乗って、週末に家族で出かけるのがなによりの楽しみでした。夫がハンドルを握り、私は助手席、息子たちは十姉妹《じゅうしまつ》のように3人ちょこんと並んで後部座席に。多少日差しが暑くても気にせずに、帽子をかぶってロングドライブしたのはいい思い出です。

70代の今、私が乗っているのはクリーム色のフィアット500。天井をオープンにして走ります。

一人で走らせる、小さなフィアット。この小柄なかわいさを気に入っています。スピードもそこまで出ないので、安心です

「その年齢でオープン⁉」

驚かれることもありますが、晴れた日にサングラスをかけて表参道を颯爽とドライブすると、それだけで気分が上がります。慎重な運転を心がけてはいるものの、風を受けてドライブするのは、いくつになっても楽しいものです。

スマホもiPadも味方につけて

今でこそ、どこに行くにもiPadを抱え、日々の着こなしをスマホで自撮りしてインスタにあげる日常ですが、使い始めた当初はちんぷんかんぷん。今だって、決して満足に使いこなしているとは言えません。

それでも、私は「かっこいい」のが好きなのです。自分が選んだ服を着て「かっこいいですね」と言われるのが嬉しいように、iPadやスマホがサクサク使えれば、

「その年齢で、そんなことができるの？」

と、周囲の意表を突く「かっこいいおばさん」になれるだろうって。そう考えて、苦手なIT機器も「使えるようになろう！」と決めたのです。

そもそも、最初にiPadを買ったのは、藤原紀香さんとお仕事をしたとき。

「じゃあ、西さんにメールしますね」

と言われたのはいいけれど、当時はパソコンも持っていなければ、メー

ルを送ったことさえ一度もなくて。でも、せっかくメールをくださるというのだから、受け取りたい。その一心で、仕事を終えたその足でiPadを買いに行き、悪戦苦闘しながらトライしたかいあって、今ではメールのやり取りもスムーズにできるようになりました。

もうひとつ、私はなんでもまずは自分の力でやってみたい性格です。何年も前の話になりますが、あるクラシックコンサートの整理券をもらうための列に並んでいたところ、私の後ろに並んだおばさまたちがこんな話をしていたのです。

「携帯の使い方って、全然わからない」

「そうそう、いろんなことができるらしいけど、私たちにはよくわからないわよね」

その会話を耳にして、「惜しいなぁ」と思いました。「だれかに教わって、自分でやってみたら楽しいのに」って。

仕事先へは必ずiPadを
持っていきます。もちろ
んスマホもiPhone!　画
面を大好きなイエローに
設定すると元気の源に

近頃は、映画の予約もネットで行わねばなりません。先日も、話題の映画を観に行こうとしたら、スマホでまず会員登録をして、次に希望の日時と座席の場所を指定してと、あまりにも面倒で心が折れそうになりました。それでもなんとか予約を終えて映画館に出かければ、今度は機械で発券してくださいという。なんて手間がかかるのかとくじけそうになりましたけど、ここで逃げ出すのはやっぱりかっこ悪いでしょう。「自分でやってみなきゃ」と意を決し、ＡＩの指示に従って、ようやく発券できたときの達成感！

「やるじゃん、おばさん！」って言ってもらえたら、内心ガッツポーズです。

家庭も
仕事も
肩ひじ張らずに

ファッション雑誌のスタイリストをしていた20代の頃、撮影の仕事で何度かパリに行く機会がありました。おしゃれなブティックや瀟洒《しょうしゃ》なカフェ、焼き立ての香りが漂うパン屋さんなどが立ち並ぶパリの街。その通りを行き交うのは、おばあちゃまから譲り受けた古いコートをさりげなく着こなしている女の子や、ポンチョのようなケープを優雅にまとっている妙齢の女性——大人も子どもも、パリの女性たちは本当におしゃれです。

そのなかでひときわ私の目を引いたのが、30代と思われる一人の女性。多分、仕事帰りだったのでしょう。革のライダースジャケットを羽織り、スキニーパンツにブーツを履いて、パリの石畳を颯爽と歩いていく。しかも、小脇に小さな男の子を抱っこして。なんて、かっこいい！　私もこの人のようになりたいと、その姿が目に焼きついて離れませんでした。30歳で結婚し、スタイリストの仕事をしながら3人の息子たちを育ててきたのも、あのときに見たパリの女性の姿にずっと憧れていたからだと思います。私が息子たちを出産した頃は、女性は結婚したら仕事をやめて家庭に入るのが当たり前だった時代です。それでも私は「仕事か結婚か」のどちらかひとつを選ぶのではなく、家庭を持って子育てをすることと、自分の好きな仕事にベストを尽くすこと――その2つを、肩ひじ張らず、がんばり過ぎず、自然体でしなやかにこなしていけたらと考えていました。

そんな理想を現実にすることができたのは、「家事も子育てもフィフティフィフティ。手が空いているほうがやればいい」と言う夫の存在も大きかったと思います。フリーで広告関係のムービーカメラマンをしていた彼は時間の融通も利きやすく、私が何日も家を空けてもへっちゃらな頼もしい〝主夫〟でした。おかげで、「仕事と家庭の両立」で悩んだり、今で言う「ワンオペ育児」でヘトヘトになることもなく、3人の息子たちを〝それなりに素敵な大人〟に育て上げることができました。私が憧れていた「かっこいい生き方」を実現できたのは夫のおかげ。本当に感謝しています。

仕事をする私、母親である私…どちらかではなく、ずっとどちらでもいれたのは夫のおかげです

「白」の力を借りて一歩前へ

お気に入りの服を着て出かけたときはウキウキしますが、「今日はイマイチ」と感じる服を着てしまったときは、一日中憂鬱な気分。そんな心境になってしまうのは、「服と心はシンクロしている」からだと思います。

「今日はがんばろう」と自分を鼓舞したいとき、私は白い服や白い靴を選ぶようにしています。白は自分を一歩前に押し出してくれる色なので、白い靴を履くと気持ちがパッと明るくなって足取りも思わず軽くなる。白いブラウスやTシャツを着ると背筋がシャンと伸びて、自然と自信が湧いてきます。

いくら私が服に携わる仕事をしているからとはいえ、残念ながら、好きなだけ服が買えるほどのお金持ちではありません。プライベート用の服は、試着室でこっそり値札を見て、予算に合っているかどうかを吟味してから判断します。でも、時折、値段は度外視して、どうしても惹かれてしまう服に出合うことがあるのです。それはその服が持っているパワーに引き寄せられてしまうから。数年前の夏も、マックスマーラのハーフパンツにひと目ぼれ。ところが、さりげなく値札を見たら、予算よりなんとひと桁多かった！　でも、キャメルカラーの風合いがなんとも魅力的なそのハーフパンツをはけば、いつもの自分より一歩前に出て、自信を持ってひと夏を過ごせそうだと直感したので、思いきってカードを切りました。

たかが服、されど服。いくつになっても「かっこいい自分」でいたいから、私にはやっぱり「服の力」が欠かせないのです。

西ゆり子をつくるトガリアイテム

サングラス

サングラスをかけると、男なのか女なのか、年齢がいくつなのか、日本人かどうかさえ、よくわからなくなります。なんでもない服装のときでも、帽子をかぶってサングラスをかけると、途端に「あの人、なにもの？」って振り返られる。そんな反応を楽しんでいます

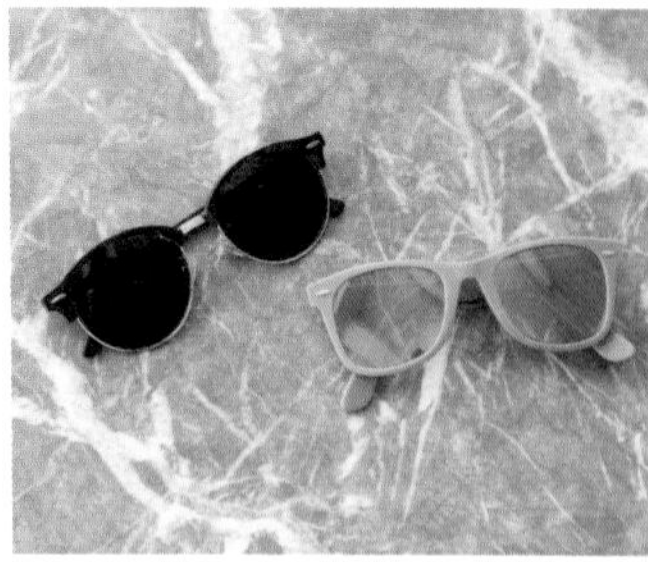

靴下

毎朝、その日の気分で服を決める私ですが、どうしても気分が落ち込んで明るい色の服を選べない日もあります。とくに顔の近くに明るい色を持ってくると、色にあてられてしまうことも。そんな日は靴下を明るいものにすると、ちょうどいい距離感になります

アクセサリー

実は私は、アクセサリーは毎日つけなくてもいいと考えています。アクセサリーはファッションを華やかにしてくれるけれど、その力に頼ると服の持つ力をうまく引き出せないことも。今日のファッションにはアクセサリーが必要ね、と思ったときにつけるのです

#2

「派手な服なら西ゆり子」おしゃれの原点

物心ついたときからおしゃれが大好きだった私がスタイリストになったのは20代のとき。以来、ファッション雑誌を皮切りに、アイドルやアーティストのスタイリング、バラエティ番組やドラマの仕事など、様々な世界を経験しながらも〝自分らしさ〟は相変わらず。幼い頃からこれまでの道のりを振り返ってみることで、私のおしゃれの原点が浮かび上がってくるような気がします。

おしゃれの原点は「粋」か「野暮」

「西さんのスタイリングはすぐわかる」

私が携わったドラマを観てくださった方からよく言われます。

「なぜ、私が選んだ衣装だと気づいてくださるのだろう？」

その答えは、私の生い立ちと関係しているのかもしれません。


生まれ育ったのは東京の下町・赤羽です。3代続いた江戸っ子で、赤ん坊の頃から20歳で実家を離れるまで、チンチン電車と呼ばれる路面電車の走る音を聞きながら、ＪR赤羽駅東口にあるスズラン通り商店街にほど近い一軒家で過ごしていました。父方の祖父が商店街の裏で駄菓子屋を営んでいたこともあり、幼い頃から、近所の八百屋さん、魚屋さん、酒屋さんとも顔なじみ。お店の女将さんやお姉さんたちもチャキチャキの江戸っ子という方が大半でした。

なにを選ぶにしても、江戸っ子の判断基準は「粋」か「野暮」です。新

しいワンピースを着て、私が通りを歩いていると、

「あら、ゆりちゃん、粋なワンピースだねぇ」

と、店先の女将さんからすかさずお褒めの言葉が飛んできます。反対に、誰かがあか抜けない草履を履いていれば、

「あれは野暮だね」

と言われるのが常でした。スーツを着て生命保険の外交員をしていた母も、休日は着物に着替えて、黒地の大島に水芭蕉が描かれた白い帯をシュッと締めている姿を見ると、子ども心に「粋だなぁ」と感じたことを覚えています。


「これは粋、あれは野暮」

スタイリストになってからも、そんな江戸っ子ならではの美学が私の中でずっと息づいているのでしょう。あらためて考えてみると、私のスタイ

スタイリングの基本は「コンサバティブ」。体のラインを女性らしく、美しく見せてくれるスタイルを軸にしています

左が幼い頃の私。ウエストに切り替えのあるワンピースは、洋裁をしていた叔母に作ってもらいました

リングにはどこかに〝キレ〟があるようです。選ぶ服は基本的にベーシックなデザインで、フリルやリボンといった過剰な飾りがないもの。そして、どこかがタイトで、背筋がシャキッと伸びて見えるような着こなしに仕上がっている――江戸っ子はゴテゴテした飾りを嫌い、スッキリ見える「引き算の着こなし」を好むので、私のスタイリングも江戸前なのかもしれません。

「三つ子の魂百まで」とはよく言ったもの。「粋」か「野暮」が、今でも私のおしゃれの基準になっているのでしょう。

自分の「好き」にはとことんこだわる

幼い頃の私は、毎日、好きな歌を歌ったり、おしゃべりしたりと、騒がしいほど元気な女の子でした。おしゃれに関するこだわりも人一倍強かったように思います。当時は、今のように手軽におしゃれな既製服を買える時代ではなかったので、よそ行きの服は、洋裁で生計を立てていた母方の叔母に仕立ててもらうのが常でした。小学生の頃から、新しい服を作ってもらうときは、毎回、その叔母と一緒に馬喰町にある『孝富』という生地屋さんまで出かけ、自分自身で生地を選んで、

「こんなデザインにしてほしい！」

と、夢中で説明していたことを覚えています。

あるとき、紫に近いブルーの地に細かい花柄があしらってあるかわいい生地を見つけた私は、その生地でワンピースを作ってほしいと叔母に頼んだことがありました。そうしたら、でき上がってきたのは、当時流行っていたローウエストに切り替えがあるワンピース。今、思えば、切り替えか

ら下の部分がフレアーになっていて、とてもかわいいデザインでした。それなのに、「こんなにウエストが下だと、胴長に見えちゃうからイヤ！」と言い張って、すっかり叔母を困らせてしまいました。結局、私が望んだとおりのデザインに作り直してくれた叔母には本当に申し訳ないことをしてしまったと思います。

その一方で、もう少し大きくなってから作ってもらったスーツは大のお気に入り。色はボルドー、短めの丈のジャケットがペプラムラインになっていて、膝丈のスカートはほどよくタイトで大人の香りがするようなデザインでした。そのスーツを着て歩く私を見て、通りすがりのお姉さんたちが、

「ねえ、見た？　素敵よね」

なんて話しているのを聞くと、それはもう大得意。おしゃれに関してはもちろんのこと、幼い頃から、自分の「好き嫌い」がとてもはっきりしている性格でした。

「スタイリストになる！」と決めた瞬間

春が来て、あたりを心浮き立つような景色に変える満開の桜を見るたびに、スタイリストになろうと決めた瞬間のことを思い出します。

幼い頃から、人一倍おしゃれに関心があったのに、10代の頃の私は、「将来はファッション関係の仕事をしよう」とは思っていませんでした。というのも、その当時私が知っていたファッション関係の仕事といえば、「縫う」か「デザインする」かの2つだけ。おしゃれをするのは大好きでも、洋裁があまり得意ではなかった私はどちらも向いていないと考えて、高校卒業後はグラフィックデザインの勉強をするために専門学校へ。卒業後はチラシやポスターを作っているデザイン事務所に就職しました。

ところが、そこで与えられた仕事は、毎日、黙々と稲穂の絵を描くことでした。農業関係の仕事を請け負っている事務所だったので、必要とされるのは稲穂やお米のイラストばかりだったのです。

「毎日、毎日、机の上で稲穂の絵ばかり描いている人生ってなんなんだろ

今も現役で仕事をしています。テレビ局での打ち合わせにはヒールを履いて、iPad を持って颯爽と！

う……」

得意先にイラストを届けた帰りにふと立ち寄った公園に咲いていた満開の桜を見上げながら、その圧倒されるほどの美しさとは裏腹に、なんとも言えない虚しさに襲われてしまいました。

そんなある日、親しくしていた友人が、1970年に創刊されたばかりの『ａｎａｎ』の最新号を持って遊びに来ました。その中に「スチリストになりましょう！」という記事が掲載されていたのです。当時はまだ〝スタイリスト〟という言葉が一般に定着しておらず、フランス語の〝スチリスト〟として表記されていたんですね。その記事を読んだ瞬間、まるで天からの啓示のように、

「この仕事をやるしかない！」

と、ひらめいたのです。

その記事によれば、スタイリストの仕事は服を選んで用意するのが主な仕事だと説明されていました。洋裁が苦手でも、おしゃれが大好きな私にはうってつけ。どうしたらスタイリストになれるのかもわからず、なんのアテもありませんでしたけど、「これこそ、私がやりたかった仕事」だと、それからほどなくして私はデザイン事務所を辞めました。今振り返っても、あの瞬間はなんだったんだろうと不思議です。もしも人間に「天命」や「天職」というものがあるのなら、まさにあの瞬間に、私は「天職」に出合ったのでしょう。

「派手な服なら西ゆり子」の舞台裏

「スタイリストになろう！」

目標が決まった私は、少しでもファッション業界に近づこうと、まずはモデルクラブのマネージャーの仕事につきました。その後、知り合いのツテをたどって、なんとか女性誌の仕事を担当させていただくチャンスに恵まれて、24歳のときにスタイリストとして独立。30代でアイドルやアーティストのスタイリングを経験し、30代後半に差しかかった頃からテレビの仕事に携わるようになりました。

最初に担当したのは、『11PM』の司会に抜擢された歌手の井森美幸さん。そのときに、「テレビに出る人は普通の服ではいけない」と思ったのです。本来ならば、私はコンサバでベーシックな服が好きなのですが、タレントさんや女優さんは特別なオーラを放っている存在です。

「さすが芸能人！　あんな服、見たことがない」

と、画面を観ている人たちがワクワクするような服を着ていただこうと決めました。そこで、井森さんをはじめ、私が担当させていただいた芸能人の方には、現実の生活ではありえないようなきらびやかな衣装を着ていただくことに。そのおかげで、「派手な服なら西ゆり子」と、あちこちの番組からお声がかかるようになったのです。

なかでも、『なるほど！ザ・ワールド』の司会を担当されていた楠田枝里子さんの衣装は思い出深いものばかりです。アクセサリーや帽子も、毎回既成のものをアレンジして、「派手こそ命！」のように作り上げました。こどもの日の放映にちなんで、鯉のぼりの柄のドレスを手作りして着ていただいたのも懐かしい思い出です。

当時、超がつくほど売れっ子だった山田邦子さんともご一緒させていただきました。頭のてっぺんからつま先まで、〝オール派手〟な衣装をいつも完璧に着こなしてくださって、「さすが、プロ!」とほれぼれしました。

いくら派手な服がいいとはいっても、ひとつだけ注意をしていたのは、衣装だけが目立ってはいけないということでした。その方のキャラクターや個性を際立たせる「派手」でなくてはいけないと。その感覚が、後にドラマのスタイリングをするようになってからも、大いに役立っているのだと思います。

イタリアの〝エッジ〟に惹かれて

まったくの無意識なのですが、私がプライベートで着ているのはイタリアのブランドの服が多いような気がします。コンサバの王道マックスマーラ、トレンディなデザインが光るピンコ、ポップな色使いがチャーミングなマルニなど、イギリスやフランスのブランドに比べると、イタリアの服はほんの少しだけ、個性的な〝エッジ〟が効いているところが、私にとっての〝ツボ〟なのでしょう。

基本的にコンサバな服が好きなので、仕事でもプライベートでも奇抜なデザインのものを着ることはほとんどありません。ボタンの色がすべて違っていたり、ワンピースのヘムラインがアシンメトリーだったりというような服にも惹かれません。あくまで正統派のデザインで、着ている人を最も美しく見せてくれるベーシックなスタイルの服が、昔も今も好きなんですね。

そんな私にとって、イタリアの服は相性がいいようです。ベーシックな

イタリアの代表的ブランド、Dolce&Gabbana のワンピースはキリッとした襟がついているお気に入りのもの

デザインはきちんと押さえつつ、その上でほんの少しだけ肩のラインがシャープだったり、ハイネックの襟が普通より高めだったりと、イタリアのブランドは〝エッジ〟の効かせ方が本当に上手だなと感じます。

同じヨーロッパのブランドでも、フランスの服がグレイッシュな色使いなのに対して、イタリアの服は、心がウキウキするようなカラフルな色使い。子どもの頃から、「竹を割ったような性格」と言われる私がイタリアの服を選んでしまうのは、ある意味、自然なことなのかもしれません。

100万円、貸してください！

テレビの仕事に携わるようになってから、どんどん忙しくなっていきました。その一方で、家に帰れば3人の息子たちが待っている。いったい、どうやって子育てをしていたのだろうと思うほど時間に追われる毎日で、子どもたちを預けていた保育園には、毎朝、ギリギリに駆け込む生活でした。
そんなある日、保育園の先生にこう言われてしまったのです。

「お母さん、なぜいつも連絡が取れないんですか？　お子さんが熱を出したとき、どこに連絡したらいいのでしょう？」

当時は、スマホどころか携帯電話さえない時代。しかも、私は毎回違う現場に仕事に行っているので、連絡が取れないのも当然です。仕方がないとはいえ、保育園の先生方にすれば確かに不便な話でしょう。
「じゃあ、連絡が取れるように会社をつくります」と、その場の勢いで答えてしまいました。

さあ、それからが大変です。会社を立ち上げるためには、どこかに部屋を借りねばなりません。部屋を借りるための敷金礼金や、会社を登記するためのお金も必要なのに、手持ちの資金が足りなくて…。そこで、

「100万円、貸してください！」

と、当時、私が仕事をしていたテレビ局のプロデューサーにずうずうしくもお願いし、快く貸していただいた現金を抱えて、その足で不動産屋さんに契約に行きました。原宿の駅前にあったアパートに小さな一室を借り、狭い部屋の中には衣装がいっぱい。アシスタントさんも2人いたのでぎゅうぎゅう詰めで。でも、あのとき即断即決したことで、「西ゆり子事務所」を設立することができたのです。もちろん、お借りしたお金は、数か月後にきちんとお返しに行きました。

ハイブランドとの運命の出合い

「このところ、なんとなくマンネリになっている…」

40歳になったとき、スタイリングの仕事でひとつの壁にぶつかりました。一度原点に戻って、仕事を整理してみようか。そんなふうに考えていた矢先、西麻布の小さなブティックを引き継がないかというお話をいただきました。もしかしたら、新しい世界が開けるかもしれない。そう思った私は、スタイリストの仕事を最小限にとどめ、ブティックの経営に携わってみることにしたのです。

そこで出合ったのが、海外の名だたるハイブランドの服でした。引き継いだブティックの店内はすべてハイブランドの服ばかり。せっかくの機会だから私も着てみようと、スタイリストの仕事で冬のパリのロケに行くときに、元のオーナーのマダムが薦めてくれた、とあるハイブランドのキルティングのロングコートを買ったのです。

「なんて、軽くて暖かいの！」

そのコートを着たときの感触は今でも忘れられません。上質の素材を優れたパターンと縫製で仕上げ、機能的に快適だっただけでなく、見た目もおしゃれ。何回着ても飽きることのないシンプルなデザインは、着るたびに心がときめいて、自分に誇りが持てる。そんな服に出合えたことで、それまで抱いていた服に対する常識が根底からくつがえされて、私自身のワードローブも一新しました。

また、そんなハイブランドの服をドラマの衣装に使わせていただいたことで、他の方とは違う、私ならではの世界を構築することもできたのです。ドラマスタイリストとして今日の私があるのは、あのときハイブランドの服に出合ったおかげです。ブティックの経営からは4年で身を引きましたけど、あのときの出合いが私の大きな転機になったのです。

コンサートなどに行くときに着るワンピース。左の黒いワンピースは背中側が深く開いていて色気のある雰囲気

ジャケットはイタリアのブランド、Moschino のもの。ETRO のワンピースは美しい一枚布でできています

パーティなどには、華やかなアクセサリーも欲しいところ。ここぞというときに Tiffany のネックレスをつけます

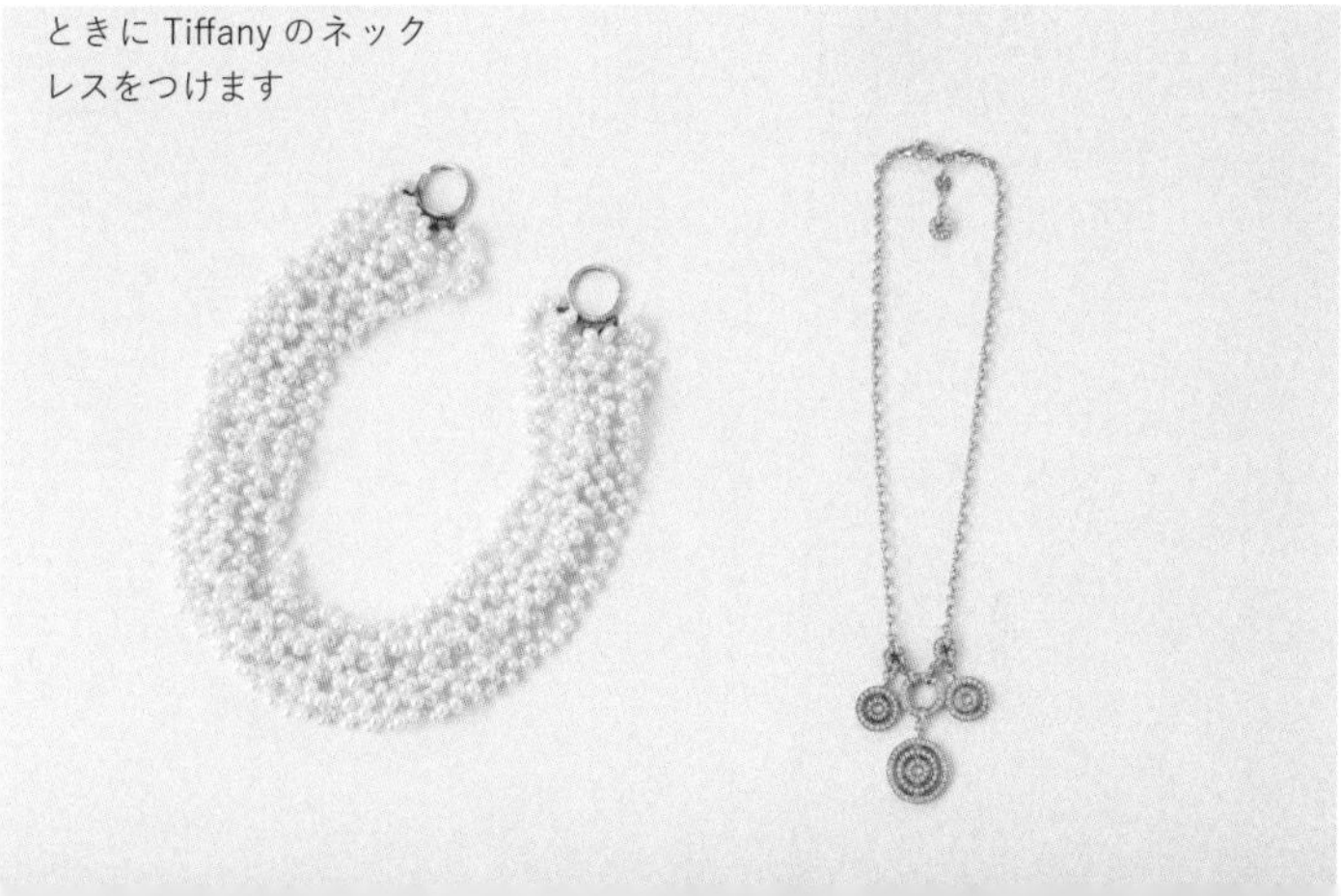

10年後も残るベーシックを愛して

「好きなお菓子は、なんですか？」

そう聞かれて、真っ先に思い浮かぶのがウエストのシュークリームです。ふんわりとしたシューの中に、生クリームとカスタードクリームが半分ずつ入っている「ハーフ&ハーフ」が大好きです。

スタイリストとしてまだ駆け出しだった20代の頃、ファッション雑誌の撮影が終わると、山のような衣装を抱えて青山にあるウエストのティールームに寄るのが常でした。撮影が終了しても、スタイリストの仕事は終わりではありません。メーカーからお借りした服を返しに行くために、撮影前に外したタグや値札を元に戻すという仕事が待っている。その前に、ウエストでひと息ついて気持ちを切り替えていたのです。

ラーメンが一杯500円程度だった時代に、シュークリームとコーヒーで1500円くらい。20代の私にとっては決して気軽に払える値段ではありません。それでもウエストが好きでした。

当時のウエストは、1階がお菓子売り場で2階がティールーム。とんとんと階段を上っていくと、イギリスの邸宅のようなシックな空間に、バッハやモーツァルトなどの調べが静かに流れ、白いワイシャツに黒いタイトスカート姿のウエイトレスさんがオーダーを取りに来てくれる――そんな空間に自分を置くことが、20代の私にとっては唯一の贅沢だったのです。

今でも時折、ウエストに立ち寄ることがありますが、シュークリームはもちろんのこと、バタークリームをたっぷり使ったモカケーキや、苺ジャムがのっているヴィクトリアという名のクッキーも昔と変わらぬおいしさです。お菓子もファッションも、私が愛しているのは10年前も10年後も変わらないもの――そんなベーシックなものに支えられているおかげで、いくつになっても思いきった冒険ができるのかもしれません。

70代の今も現役でいられる理由

おかげさまで、70代になった現在も、ドラマや映画のスタイリングに携わる機会をいただいています。

「若い女優さんの衣装を選ぶのは大変ではないですか？」

と、聞かれることもありますが、決して大変ではありません。私自身も20代、30代を経験しています。

「今の時代に、自分が20代だったら、どんな服を着たいと思うだろう？」

そんな視点で考えれば、若い方に似合う服もすんなり選ぶことができるのです。

さらに、今のほうが服ときちんと向き合えているような気がします。仕事のスピードが緩やかになった分、一着一着の服に対して様々な思いを馳せられるようになりました。服は言葉をしゃべりませんが、それぞれの服の気持ちに寄り添って、近頃では仲のいい友人のように接しています。

女優やタレントだけでなく、70代からは一般の方に服の選び方をアドバイスするパーソナルスタイリングの仕事にも携わるようになりました。様々な方と向き合い、その方の個性や生き方にマッチした服を選んでいくと、みなさんの表情がみるみる明るく輝いていく。そのドラマチックな変化を見ていると、私も元気をもらえます。

どんな形であれ、服を通じて人生を楽しくしていくお手伝いをするのが私の仕事。「生涯現役」で、これからもこの仕事を続けていきたいと思っています。

#3

「衣」「食」「住」
——感性を眠らせない豊かな暮らし方

楽しく服を着ることと同様に、おいしく食べることや毎日を快適に過ごすことも私にとっては大切です。「衣」「食」「住」すべてにおいて重要なのは心の声に耳を傾けて、些細なことでも手を抜かず、豊かな暮らしを心がけること。自分の「好き」を土台にした生活が私には心地よいのです。

一日のスタートは深呼吸から

深夜の2時過ぎに新しい予定を思いつく…というくらいの夜型なので、毎朝ベッドから起き出すのは、だいたい午前8時過ぎといったところでしょうか。

朝起きて最初に行うのは、家じゅうの窓をすべて開け放つこと。寒い時季でも躊躇《ちゅうちょ》せず、玄関の扉も開けて家の中の空気を一新します。その間に、ベランダに出て深呼吸。今、住んでいる家ははす向かいが公園なので、

「ああ、山茶花が咲いている」

「新緑がきれいだな」

なんて季節の移り変わりを目にしながら、体いっぱい、新しい空気を吸い込みます。

深呼吸を終えたら、熱い緑茶をいただきます。以前は、お茶の葉を急須に入れてひと手間かけていましたが、負担を減らすために70代になってからはティーバッグに替えました。このところ、気に入っているのは京都の

『伊藤久右衛門』のお茶です。緑茶とほうじ茶のティーバッグを欠かさないようにして、朝はたいがい緑茶を選びます。

お茶を飲んでひと息ついたら、ベッドメイキング。そこから、その日の気分で気になる箇所のお掃除を始めます。天気がよければ、ペーパータオルや雑巾で窓を拭き、両手に軍手をはめて鴨居や高いところのホコリを取ることも。キッチンの引き出しを片づけたり、フローリングの床を拭くこともありますね。「明日はここを掃除しよう」なんて決めずに、その日の朝、目についたところから。こんなところも服の選び方や食の選び方と通じているのかもしれません。音楽もかけず、テレビもつけず、無心になって約2時間。黙々と掃除をしているうちに、家の中がきれいになって、自然と心も整います。

住まいは、私や家族、服や食べ物を包む大きな器です。その器がきれい

になっていると気持ちがいいし、その日一日が快適に過ごせるような気がします。

ベランダのはす向かいの公園が、ちょうど東の方向。爽やかな公園の緑と太陽に向かって深呼吸するのが朝の習慣です

今日着る服は、今日選ぶ

「今日は、なにを着ようかしら？」

毎朝、クローゼットの中に並んだ服を眺めながら、ゆっくり朝ご飯を食べるのが私の習慣です。だから、クローゼットの扉はいつも開けっ放し。中の空気が淀まぬように、並んでいる服がよく見えるようにしています。

今日着る服は、今日選ぶ。それが私のやり方です。なぜならば、今日着る服は、その日の天気や気分に合わせて選びたいと思っているからです。朝起きて、雨がしとしと降っていたら、水たまりなど気にせずに雨を楽しめる装いで出かけたい。レインシューズを履いてレインコートを羽織り、お気に入りの傘をさして元気に歩けば、子どもの頃に戻ったような楽しい気分になれるでしょう。

また、真っ青に晴れ渡った空に爽やかな風が吹いている日は、自然と新しい服を着たくなります。どこかに飛んでいきたいと感じるような風になびくデザインで、日の光に映える色の服を着て出かければ、一日中、ワクワクして過ごすことができると思うから。

そんな思いを巡らせながら、開けっ放しのクローゼットに目をやると、「あのブルーのブラウスにしよう」

という〝今日の一着〟が、ふっと目に入る。そこから少し落ち着いて、「今日会う人」と「今日やること」を思い浮かべます。そうそう、今日は仕事先の方と大事な打ち合わせが入っているんだっけ。だったら、ブルーのブラウスの上にジャケットを羽織ってきちんとしていこう。そんなふうにして、その日のコーディネートが決まるのです。

最近お気に入りのパープルのシャツには、どんなボトムスが合うかしら。試したことのない組み合わせにも心が躍ります

洋服を選ぶときは、顔に当ててみるとその日の気分に合っているかどうかすぐにわかります。今日はこのシャツに決まり！

今、なにが食べたい？

衣食住のなかで、「食」は私にとって「衣」と同じくらいに重要です。今日着る服をその日の気分で決めたいように、毎日の食事に関しても、「そのとき、自分がなにを食べたいか」という気持ちをいつも大切にしています。

昨日の朝も、

「今朝は、絶対に目玉焼きが食べたい！」

とひらめきました。ところが、おとといの朝オムレツを作ったときに使ってしまったので、冷蔵庫の中にはひとつも卵がありません。あいにくなことに、外は雨。それでも、「目玉焼きが食べたい」という自分の気持ちにフタをすると、心がモヤモヤしてしまう。そこで、傘をさして近所のコンビニまで卵を買いに行きました。さすがに、いつもの養生卵を買うために遠くのスーパーまで行くだけの気力はなかったものの、「目玉焼きが食べたい」という気持ちをないがしろにしたくはなかったのです。

こんな性分ですから、あらかじめ1週間分のメニューを決めてから買い物をすることなんてできません。「今日はすき焼き」と決めたら、絶対にすき焼き。「今日は豚汁」とひらめいたら豚汁じゃないと。自分の心の声に耳を傾けず、「なんでもいい」と適当に食事を済ませると、感性を眠らせてしまうような気がします。

以前、東京の郊外に住んでいた頃、都心の仕事場から自宅に帰ったときに、

「中華街の揚げワンタンが食べたい！」

という思いがふつふつと湧いてきました。時間はすでに深夜に差しかかろうというとき。でも、その気持ちをどうしても抑えられなくて、横浜の中華街まで車を飛ばすことにしました。

「え？　今から行くの？」

と夫は驚いていましたが、念願の揚げワンタンを食べられて、私は大満足です。「食」に対するそんな姿勢は70代の今も変わっていません。

音楽が心の栄養

40代に差しかかる頃、人よりも少し早めに更年期が始まりました。それまで「おいしい」と食べていたお料理がおいしく感じられず、大好きな服を着てもちっともワクワクできなくなって。鏡に映った自分の顔を見ても、

「なんだか老けたなぁ」

と憂鬱な気分。そんな悶々とした日々から抜け出すために、美術展に出かけたり、歌舞伎を観に行くなどして、自分の感性を豊かにしてくれるものに触れるように心がけました。美しいもの、豊かなものに触れて感性が磨かれていけば、若さを失っても怖くない。そんなふうに考えたのです。

なかでも、知人の勧めで、その時期から通い始めたオペラの舞台にはすっかり心を奪われました。初めて聴きに行ったのはヴェルディの『ナブッコ』です。劇中で『行け、わが想いよ、黄金の翼に乗って』という曲を出演者全員で歌うシーンがあるんですけど、その大合唱を聴いたとき、

「なんて、素晴らしいんだろう！」

ホーロヴィッツというピアニストの演奏がお気に入り。なぜだかベートーベンやモーツァルトには惹かれない私です

と、思わず涙があふれ、そこから月に一度はオペラを聴きに行く生活になりました。ドイツオペラなどは長丁場なので、70代になってからは以前のように頻繁に足を運ぶことはなくなりましたが、地の底から湧き上がってくるようなあの歌声を聴くたびに、心の中が〝感動〟というエネルギーで満たされます。

日々の生活でも音楽は欠かせません。朝、ベッドの中で目覚めたら、ラジオのクラシック番組にチューニングを合わせます。朝の気分にぴったりなのはハイドンやバッハ。夜、自宅で夕食を作るときは藤井風くんのナンバーをBGMに。風くんの曲は最高です。メロディが心地いいのはもちろんのこと、なんといっても歌詞が魅力的。ラブソングひとつとっても、昭和の作詞家なら、

「つないだ手を離さないで」

とするところを、風くんの歌詞は、

「つないだ手は離そうね。離したら、また新しい人とつなげるね」

って。

今はそういう時代なんだなぁと、彼の歌を聴くたびに、新しい視点にはっとさせられます。風くんのほかにはｂａｃｋ ｎｕｍｂｅｒというバンドも聴きます。彼らの歌詞も、なんだか素直でかわいいです。古典的なクラシックも素敵ですが、今の音楽を聴くのも楽しい。

幼い頃から、私にとって音楽は心の糧。ちょっぴり元気が出ない日も、好きな音楽の調べを聴けば、

「さあ、買い物にでも行こうかな」

と、心が躍りだすのです。

メイクはあえてしない主義

若いときの写真を見ると、赤い口紅などをつけていて、今よりも大人びた表情をしています。独身時代にデートに行くときは、ファンデーションを塗ることもありました。でも、30代以降はほぼスッピンで過ごしています。

なぜ、メイクをしないのか。そもそも、ものぐさな性格ということもありますが、

「足したものは引かなくてはならない。引いてから再び元に戻すには、またさらになにかを足さなければいけない」

というプロセスを考えただけで、私は疲れてしまうのです。

ファンデーションを塗り、アイメイクをして口紅をつけたら、寝る前にはすべてを落として顔を洗い、化粧水などで肌を保湿する必要がある。毎日、それだけの手間をかけるくらいなら、潔く素顔で生きていこうと決めたのです。

髪の毛も同じです。シャンプーで汚れを落とし、リンスやコンディショナーで保湿をすると、髪も地肌も息苦しさを感じます。だったら、お湯だけで汚れを落としたほうがいいと思うようになりました。さすがに、60歳を過ぎたあたりから髪に艶がなくなってきたので、湯上がりの濡れた髪にちょっぴり椿油をつけるようにはなりましたけど。

それでも、自分の老いを隠すかのように、年々なにかを足していくよりも、むしろ引いていくほうが私には快適です。ノーメイクで人前に出るのは、最初は勇気がいりますが、素顔のままで3回会えば、

「西さんって、こういう顔だよね」

と、みんなの目が慣れてくださいます。

「感性を磨いて、こだわって…」とは言うものの、私もすべてにこだわれるわけではありません。メリハリをつけるからこそ、服や食事にこだわれる。なのでみなさんも、安心してお好きなものを磨いてくださいね。

大好きなヘアスタイリストは92歳

毎日を機嫌よく過ごすには、自分に似合う服を着るのと同じくらい、自分に合った美容師さんと出会うことが欠かせないと思います。ここ10年ほど私がお世話になっているヘアスタイリストさんは、92歳の大ベテランです。

まだスタイリストになる前、私がモデルクラブのマネージャー見習いをしていた20歳の頃、売れっ子だったモデルさんについて様々な撮影現場を回っていたことがありました。そのときに出会ったのが、今お願いしているヘアスタイリストさん。ボサボサ頭の私を見かねて、そのモデルさんが、

「先生、この子の頭、なんとかしてくれない？」

と、彼に頼んでくださったのです。

「じゃあ、ここに座って」

と言われて、なされるままにしていたら、それまでの自分とは思えないほど素敵な髪型に！　おまけに、1か月、2か月たっても、そのスタイルが崩れないという素晴らしさ。

「いつかまた、この方にお願いしたい！」

そう思いながら、いつの間にか40年近くの日々が過ぎ、10年ほど前にたまたまある雑誌の企画で再会したのです。

「やっと会えた！」

あまりの偶然に涙が出そうなほど感激し、それ以来、私の髪のカットをお願いしています。その素晴らしい技術は40年前とまったく変わりません。髪を洗ったあとに手ぐしでサッと整えるだけでスタイルが決まるのはもちろんのこと、忙しくてサロンに伺えず、すっかり髪が伸びてしまってもサマになる。数年前に足を骨折し、3か月間、髪を伸ばし放題だったときも、

「あら、素敵な髪型。美容院にいらしたばかりですか？」

と、仕事先で会う方が口々に褒めてくれました。とくに、50代、60代と年齢を重ねるにつれ、ボリュームが減ったり、うねりが出たりして、ヘア

スタイルが決まりにくくなってきます。だからこそ、信頼できる美容師さんが必要なのだと思います。私の場合も、彼のカットなしでは、どんな服を着てもおしゃれに見えません。１００歳になっても、ぜひ現役でサロンに立ち続けてほしいです。

息子３人と夫と。男子４人のいる家は、まるで合宿所のようでした

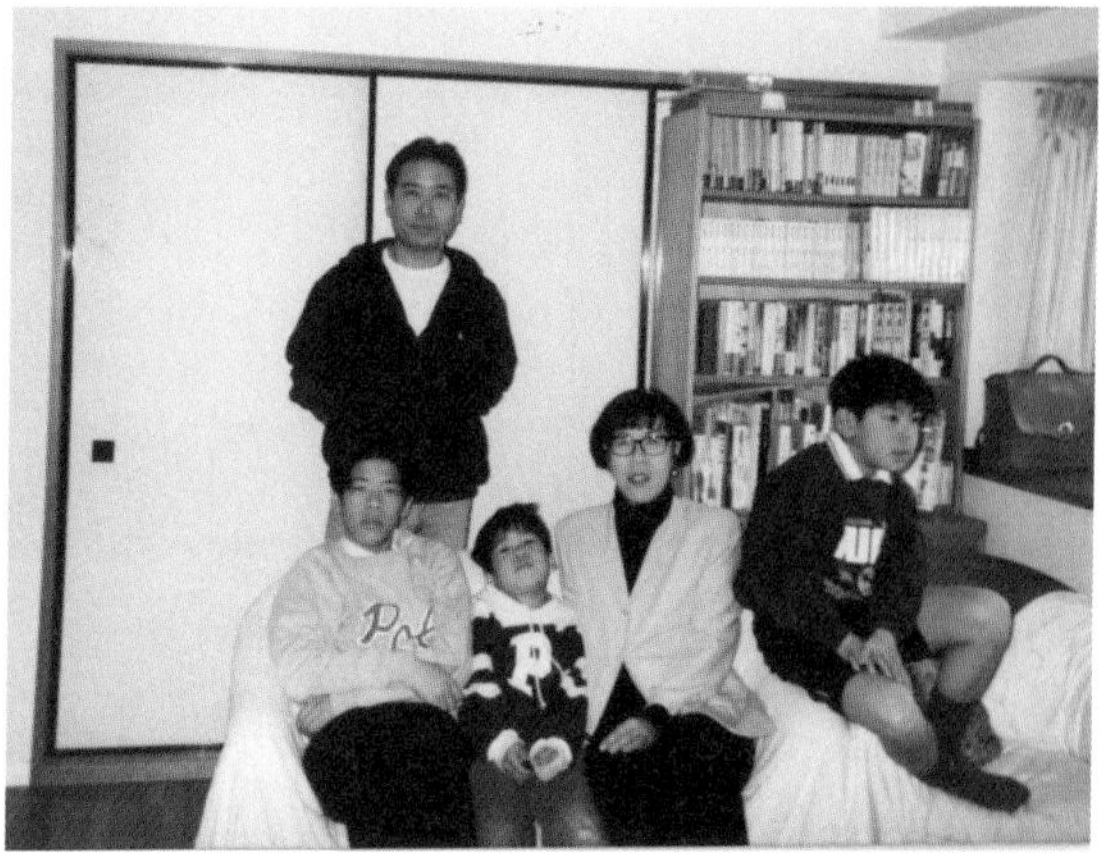

「おめでたですよ」

産婦人科で告げられたとき、心の奥がふわーっとあたたかくなりました。ああ、子どもを持つのはこんなにも幸せなことなのかって。３歳年下の夫とは当時まだ交際中でしたけど、すぐに籍を入れて30歳で長男を出産。その後、34歳で二男、37歳で三男に恵まれて、あっという間に3人の男の子の母親になりました。

長男が生まれたときに思ったのは、

「子どもは未来からの使者」

ということです。子どもは自分の所有物ではなく、未来を担っていく大

子どもは未来からの使者

切な存在です。日本や世界、ひいては地球の将来を託す人間ですから、きちんと育てなきゃいけません。それにはまずは親である私がお手本にならなきゃいけないと、環境に配慮した生活を心がけるようになりました。

スーパーで食品を買うときも、値段より健康に害がないかどうかで判断し、お洗濯をするときに使う洗剤も、川や海の水を汚さないものを選ぶようにして。エコを意識した私のライフスタイルは母親になったときから始まったのです。

子ども用の食器も、プラスチック製ではなく、あえて陶器のものを使いました。物は落としたら割れる。だから、丁寧に扱わなければいけないということを、幼いときから身をもって教えたかったのです。「自分のことは自分で」ということも徹底させました。コップに入っている水や牛乳をこぼしたときは、親に頼まず自分で拭きなさい、と。小さな手では満足に雑巾を絞れず、びしょびしょのまま床を拭いていたこともしょっちゅうでしたけど、それも「未来からの使者」を育てるための教育のひとつだと考えました。

もちろん、おしゃれの基本も教えました。色の合わせ方、素材の選び方、トップスとボトムスのバランスのとり方など。そのかいあって三男が高校時代、学内のベストジーニスト賞を受賞したときは、母親としてもスタイリストとしても嬉しさでいっぱいでした。けれど不思議なもので、3人のファッションスタイルは本当にバラバラ。同じように育てたつもりですが、それぞれ個性を見つけていくものなんですね。みんなが自然派になったわけでもありません。これも子育ての面白いところです。

新しいアイディアが浮かぶのは深夜2時

若い頃から夜型なので、夜中を過ぎても、本当はずっと起きていたいタイプです。とはいえ、スタイリストの仕事は朝早いことも多いので、いつまでも寝ないわけにはいきません。お酒がほとんど飲めない体質なので、オンからオフに切り替えるためにストレッチをして全身をほぐし、ベッドに入るのが夜中の12時頃。そこから、いったんグッスリ眠るのですが、不思議なことに、深夜の2時頃に目が覚めて、頭の中のパラボラアンテナがパカッと開いたかのように、どこからか次々と新しいアイディアが降りてくることがあります。

「若いスタイリストさんたちの労働環境をもっとよくするにはどうしたらいいかしら?」

という壮大なアイディアから、

「そうだ、明日は新しくできたパン屋さんに行ってみよう」

なんていう小さな思いつきまで。われながらグッドアイディアが浮かんだときは、ベッドから飛び起きてメモをとることもしばしばです。明け方の4時頃に再び眠りにつき、8時過ぎに起床して、ウキウキしながら、

「ねえねえ、このアイディア、どう思う?」

と事務所のマネージャーに電話して、

「いや、それはあり得ません」

と、即座に却下されてもめげません。

「明日は、どんな楽しいことが起きるのかしら?」

毎晩、ワクワクしながら眠りにつきます。この気持ちが、私の原動力なのかもしれません。

どんなシーンでも主役でいるために

#4

服には「自分らしさ」を表現する大きな力がありますが、もうひとつ忘れてはならないのが、それぞれの場にふさわしい服を着ることで、その風景を存分に楽しめる力があることです。だからこそ、シーンごとに服を着替えることが大切だと、私は思っているのです。いつでも、どんな場所でも主役でいるために。それが自分の人生を楽しむことにつながっていくのだと思います。

ティータイムのひととき

日々の生活のなかで、私が大切にしているのがティータイムです。お酒がほとんど飲めない体質なので、ほっとひと息つきたいときや、気分を切り替えたいときは、お気に入りのカフェやティールームに出かけます。

これまでよく通っていたのは、渋谷・Bunkamuraの地下にあったドゥマゴパリ。お散歩がてら、自宅から歩いて行けるこのカフェは、パリのサンジェルマン・デプレにある本店を彷彿させるシックでおしゃれなたたずまい。ガラス張りの高い天井から日差しが入り込む丸いテーブル席に座ると、黒服に身を包んだギャルソンがオーダーを取りに来てくれたものです。お値段はそれなりですが、この空間に身を置くことが、私にとっては最高の贅沢でした。

そんなティータイムを存分に楽しむために、カフェに座っている自分を一枚の絵のように思い浮かべて着ていく服を選びます。

そのカフェに合った服装をすると、ただコーヒーを飲むだけでも心が躍ります。よくいただくのはカフェオレです！

「あの丸いテーブルでケーキとコーヒーをいただくのだから、パリのマダムのようなおしゃれなタイトスカートをはいていこう」

私がそんなふうに考えるのも、長年、ドラマスタイリストの仕事に携わり、「シーンごとに衣装を替える」ことの大切さを学んできたからかもしれません。一人の人間でも、日々の生活には様々なシーンがありますから、それぞれのシーンにふさわしい服を選んでこそ、その場の景色を最高に楽しめるはずだって。

ちなみに、Ｂｕｎｋａｍｕｒａの改装に伴い、この春からドゥマゴパリのカフェは休業中。代わりに、最近通っているのが東京大学の駒場キャンパスの中にあるカッフェ・ヴィゴーレです。おしゃれな大人が集うドゥマゴとは違い、こちらのカフェは元気あふれる学生ばかり。10代、20代の若者たちから浮かないように、私もスニーカーにパンツといったカジュアルな服装で出かけます。実は、このエッセイの原稿も主にこのカフェの片隅で書いているのですが、若者たちの笑い声を聞きながらｉＰａｄに向かっていると、学生時代に戻ったような気分に浸れるのが新鮮です。

私なりの「黒子」を楽しむ

スタイリストの仕事は裏方です。画面には決して映らない黒子の立場ですから、撮影現場であまり目立ち過ぎてはいけません。カラフルな色が好きな私は、あるときイッセイミヤケの真っ赤なダウンコートを現場に着ていったことがありました。ところが、

「西さん、どこにいても目立つよ」

と言われてしまい、派手過ぎたと大いに反省。

とはいえ、あまりにも地味な服装だったり、センスのない着こなしをしていたら、

「この人に衣装を任せても大丈夫かしら?」

と、女優さんやタレントさんたちが不安に感じてしまいます。そこで、「いかにも黒子」な地味な着こなしは避け、派手過ぎないながらも〝自分らしさ〟をアピールした装いを心がけるようにしています。シンプルなトップスにシンプルなパンツを合わせた場合は個性的な帽子をかぶったり、べ

ーシックなデザインのワンピースを着たときは襟元にカラフルなバンダナをあしらってみるとか。

現場では靴の脱ぎ履きが多いので、サッと脱げるサンダルに靴下を合わせることも多いです。そのサンダルにアクセントを効かせたりするのも楽しい。そうすると、

「あら、西さん、それ素敵ね」

と、女優さんたちから褒めていただけることもしばしばです。私が選んだ服を信頼し、自信を持って着こなしていただくためにも、〝おしゃれな黒子〟でいたいのです。なによりも、

「素敵ね」「おしゃれね」

と言っていただけたら、素直に嬉しい！　その言葉を励みに、

「今日はどんな服を着ていこうかな？」

と、毎日ワクワクしながら考えています。

スタイリストの仕事は意外と体力勝負。汗を吸ってくれるバンダナを首に巻いておくと、おしゃれと実用を兼ね備えてくれます

部屋着こそ、「私がヒロイン！」

服は人に見せてこそ楽しいものですが、一人で楽しむ方法もアリでしょう。とくに、部屋着は一人で楽しむのにうってつけ。

私の場合、外に出かけるときに着ていくのはコンサバティブで体のラインが出ないデザインの服が多いのですが、部屋着は比較的ボディコンシャスなタイプを選びます。よく着ているのがニットのワンピース。多少、お腹が出ていても、お尻が下がっていても、人目がないので気になりません。そして、時折、全身が映る鏡でチェックします。体型に自信がなくなると着ることが楽しめなくなってしまうので、家にいるときくらいはボディラインがはっきりとわかる服を着て、

「緊張感が大事！」

と自分に言い聞かせるようにしています。

また、コロナ禍で「おうち時間」の大切さを実感したことをきっかけに、

映画のヒロインになった気分で、出かけるときには絶対に着ないような花柄やレースの服を部屋着として愛用するようになりました。花柄のシルクのパジャマを着るとハッピーな気分になって、朝までグッスリ眠れます。シルクの着心地も最高です。

普段あまりキャラクターものは着ませんが、部屋着ではそういうアイテムを楽しめるのもいいところです。今年の春先にかけて、少し肌寒い日は背中側にムーミンのキャラクター、リトルミイがプリントされたスウェットを着ていることもありました。いかにもキャラクターものという柄ではないところも気に入っています。

その日の夕食のメニューに合わせて、様々なデザインのエプロンを使い分けるのも楽しみのひとつです。なんだかヤル気が出ない日も、お気に入りの赤いソックスをはけば、

「お掃除でもしようかな」

と前向きな気分が湧いてくる。家族以外はだれも見ていないからと手抜きの部屋着を着ていると、毎日がつまらなくなってしまうような気がします。

自分というヒロインのための部屋着で、今日も主人公気分を楽しんでいます。

この春先によく着ていたタートルネックのスウェット。背中側のリトルミイも後ろ向きなので、さりげなくてかわいいです

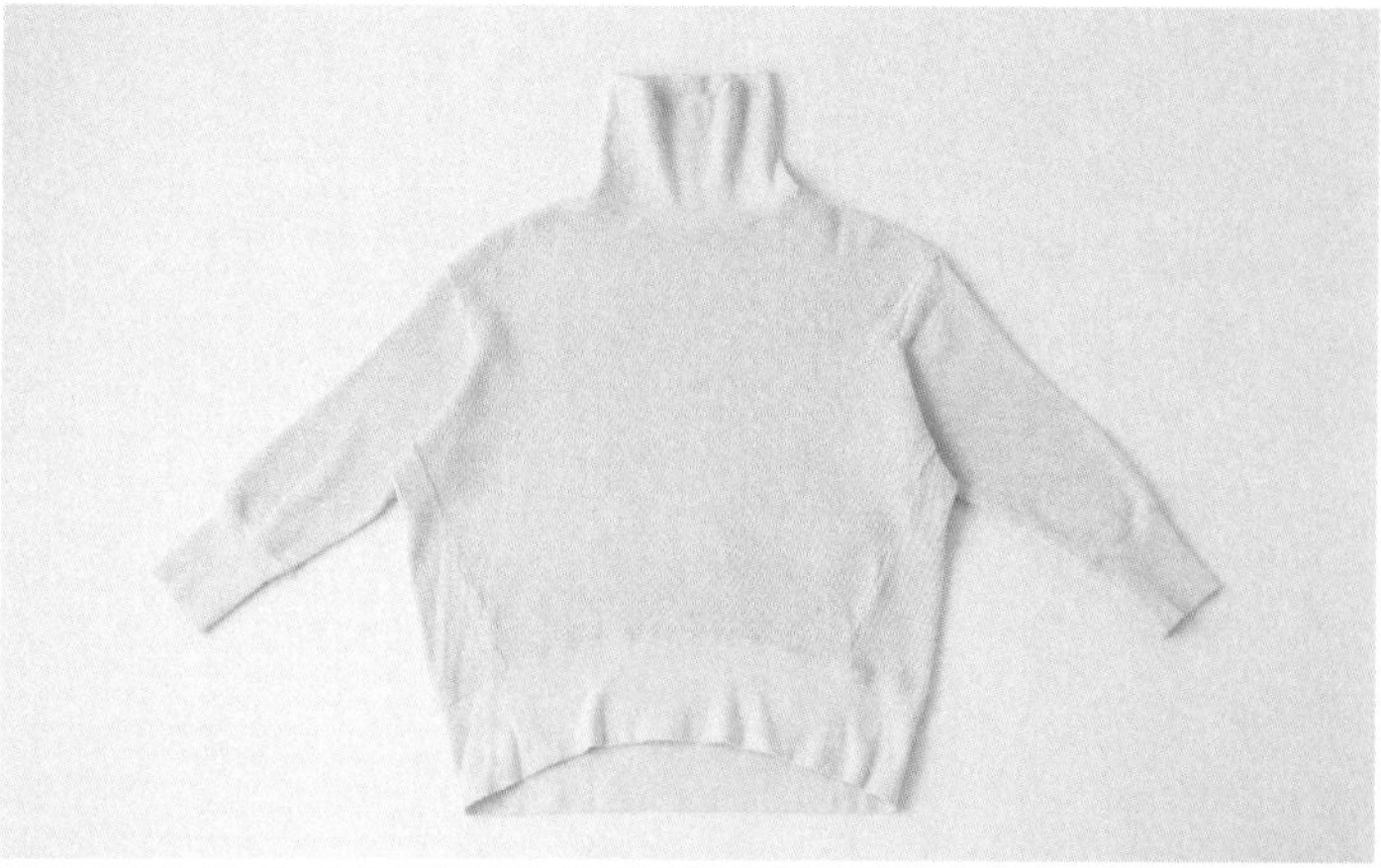

茶道部の建物に憧れて

高校時代の3年間、実は茶道部に所属していました。茶道に興味を抱いたきっかけは些細なこと。当時、私が通っていた高校の校庭の片隅に瀟洒《しょうしゃ》な白い一軒家が立っていたのです。

「あの建物はなんだろう?」

と、不思議に思っていたところ、「あれは茶道部の茶室だよ」と、だれかが教えてくれました。その瞬間に、

「中に入ってみたい!」

という衝動にかられて、すぐさま入部。「素敵な空間に身を置きたい」という気持ちは、この頃から変わっていないのです。憧れの建物の中で茶道の世界に身を置くと、時間の流れがスローモーションのように感じられ、落ち着きのない私にとってはまるで別世界のようでした。

時間がゆっくり流れているにもかかわらず、一服のお茶をたてている先生の背筋はシャキッと伸びており、壁に飾られている掛け軸や季節にふさわしい生花やお菓子など、すべてに一本筋が通っている。この深遠な世界

をとことん追究したいと、茶会や交流会などにもせっせと参加して、3年生のときには部長を務めるまでになりました。

そんな茶道の楽しみを再開したのは40代になってからのことでした。子どもたちの手が少し離れたこともあり、あの独特の時の流れをもう一度味わってみたくなったのです。秒単位で仕事をしているテレビの世界と茶道の世界では、時の流れがまったく違います。静謐《せいひつ》な空気に満ちている茶室では、目をつぶっていても、シュンシュンと沸いているお湯の温度が何度くらいなのかがよくわかります。

この風景にふさわしいのはやはり着物だろうということで、茶道を再開する際に、着付けに精通しているヘアメイクさんに基礎を教えていただいて、お稽古初日までにはなんとか自力で着物を着られるようになりました。ところが、玄関を出ようとしたところ、

「大変、草履がない！」

唯一、鼻緒がついている履物がグッチの赤いビーチサンダルだけだったので、慌ててそのビーサンを履いてお教室を訪ねたという粗忽者《そこつもの》。今思えば、先生に対しても同席していた先輩方に対しても、大変失礼なふるまいをしてしまったと反省しています。


でも、そこから週に2回のペースでお茶室に通うようになったことで、「着物に慣れよう」と、一時期は仕事の現場にも着物を着て通っていました。着物で仕事なんて、浮いていたんじゃない？と思われるかもしれませんが、「このあとお茶のお稽古なの」とひとこと言えば、そういうものかと思ってもらえました。やってしまった者勝ちなのです（笑）。

茶道というシーンが増えたことで着物を着ることが日常の一部になり、私の人生に新たな彩りを添えてくれました。

葉山の風に吹かれるときは

「東京っ子」の私にとって、夏の楽しみといえば湘南での海水浴。若い頃は、友人たちと一緒に鎌倉や材木座の海で泳いでいたこともあり、ずっと海の別荘に憧れがありました。

そんな私が初めて葉山に部屋を借りたのは30代後半のこと。深夜まで続いた仕事でクタクタになり、家路を車で走っているときに、

「そうだ、葉山に家を借りてみよう」

葉山のカフェ、「Whitely by TORIBA COFFEE」にて。海沿いの風が気持ちいいオープンテラスのカフェです

と、ひらめいたのです。当時の私は仕事と子育てに追われる毎日で、いっときも気が休まる暇がない。そんな慌ただしい日常から抜け出して、ほっとひと息つける空間に身を置きたかったのだと思います。

当時暮らしていた調布の家から、車で高速道路に乗れば約1時間半という気軽さもあり、佐島という葉山の突端の、海っぺりにあるマンションを借りることにして、月に何度か葉山に通うのが生活の一部になりました。

平日の仕事帰りは、自分一人だけでのんびりと。翌朝、波の音で目覚めて、海沿いのオープンカフェでブランチをいただくのが最高に幸せでした。週末は家族で一緒に訪れました。子どもたちの楽しみはバーベキュー。近所で買ったコロッケやお刺身も並べて、夕焼けの海を眺めながら、ワイワイとみんなでにぎやかにテーブルを囲んだのが懐かしい思い出です。

東京では決して味わえない美しい風景やゆったりとした時間の流れ。そんな葉山に魅せられて、50代のときにセカンドハウスとしてマンションを買いました。この住まいの縁で仲良くなった友人たちに誘われて、近所のバーにサルサを踊りに出かけたり、夕暮れの防波堤に集まって、海岸線に沈んでいく夕日を眺めながらワインを飲んだりと、葉山で過ごす時間はすべてが映画のワンシーンのように感じられます。

そんな風景の中で着る服は、東京とはまったく違います。葉山の友人たちがよく着ているのは、風が抜けるような綿やシルクのおしゃれなワンピース。私も葉山の家には、軽くて着心地がよく、風に揺れるシルエットがしなやかなもの——潮風や夏の光に似合う服が並んでいます。そして、そんな服を着て海辺を歩くと、たちまちドラマのヒロイン気分になれるのです。ここ数年、コロナ禍でしばらく足が遠ざかっていましたが、葉山が私の人生に欠かせない大切な風景であることは、70代の今になっても変わりません。

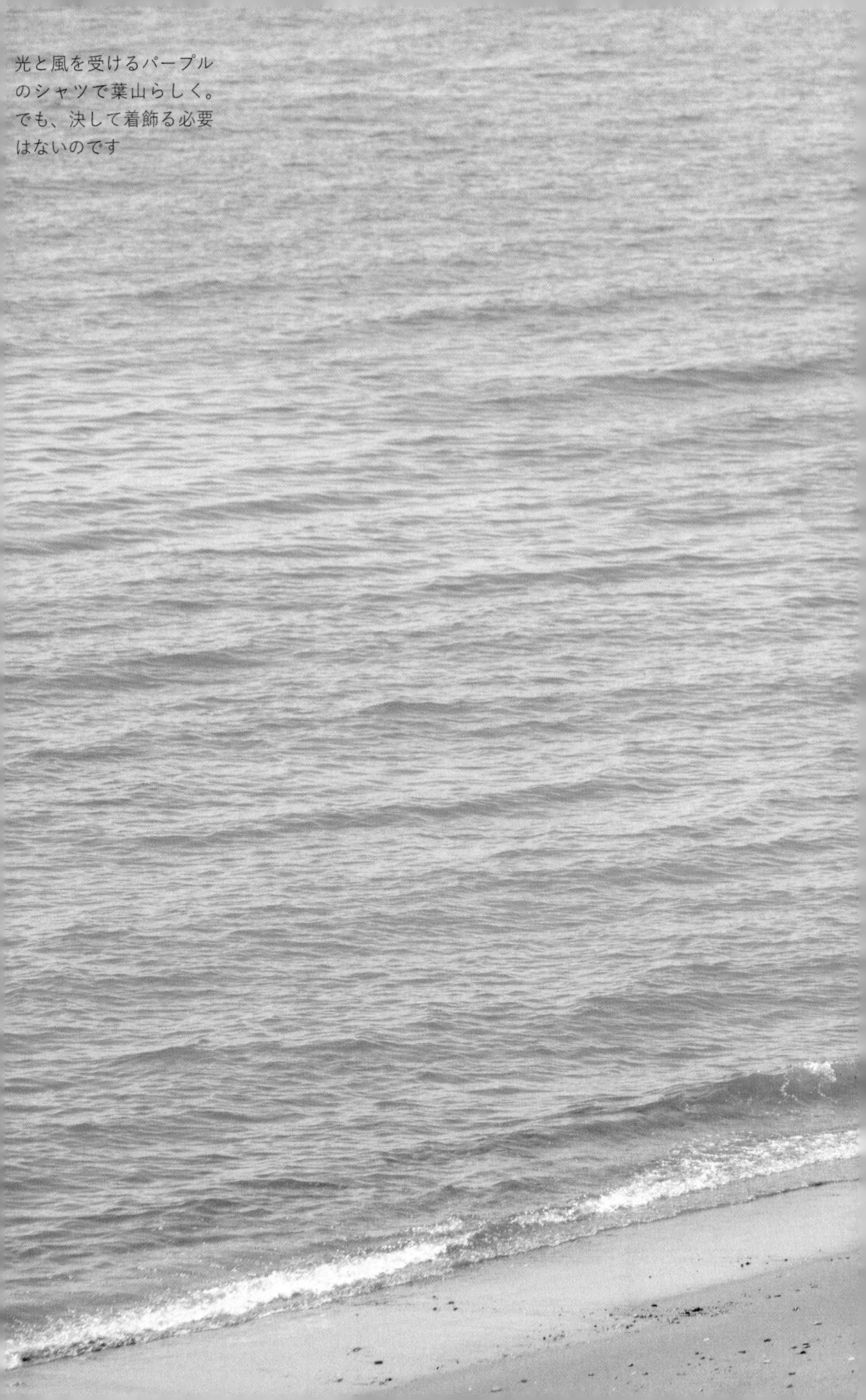

光と風を受けるパープル
のシャツで葉山らしく。
でも、決して着飾る必要
はないのです

三重で「普通の人」になる

東京の下町で生まれ育った私にとって、第二の故郷と言えるのが夫の実家がある三重県の菰野町《こものちょう》です。菰野町のイメージは「緑」。そこここに森や林が点在し、実家の庭にもビワやカリンの木が生えている。家の向かいには畑があって、少し離れた場所には小さな田んぼも。夫の実家だけでなく、ご近所さんたちも兼業農家の方が多いので、見渡す限り畑や田んぼが続く「日本の原風景」のような懐かしい風景が広がっている土地柄です。

夫と結婚した当初から、3か月に一度くらいのペースでこの場所に通っていました。私の母は50代で早くに亡くなったので、夫の母と過ごす時間が楽しみで。

「今日は刺身にしとこまいか?」
「今日は鰻にしとこまいか?」

一緒に台所に立っておしゃべりしたり、子育ての苦労話を聞かせてもらったり、たくさん話ができたのが幸せでした。自分で言うのもなんですが、なかなかいい嫁だったと思います。

そんな義母や義父を見送って、この家の後継ぎだった夫を亡くした今でも、ゴールデンウイークや夏休みには菰野町に帰省するのが習慣になっています。東京からは決して近い距離ではないですが、実家の縁側に座って、庭に降りそそぐ木もれ日がきらめく様子を眺めていると心の底から落ち着くのです。同じ自然あふれる町でも、葉山と違って、ちっともおしゃれじゃありません。いわゆる、日本の普通の田舎です。でも、その風景の中に身を置くと、私自身も「普通の人」になれるのがなんだか心地いいのです。

三重の家では、近所のスーパーで買った木綿のワンピースや、結婚当初に買った服もタンスから出して着ています。「三重で着るための服」をわざわざ持っていくことはしません。それでは三重の人を演じるだけですから、

三重ではパーカーやジャージも着ます。おしゃれのためではなく、田舎町の日差し対策で、やっぱりここでも帽子とサングラスを

地元のスーパーで買った服なんかがいいのです。東京や葉山では絶対に着られない服ばかり。なのに、その服を着て近くの湯の山温泉に出かけたり、帰り道でかき氷を食べるのが、小躍りするほど楽しくて。そんな小さな幸せを感じることができるのも、この土地に溶け込んでいる服のおかげなのかもしれません。

ＴＰＯは相手へのリスペクト

先日、クラシックのコンサートに出かけたところ、演奏者の方々が全員Ｔシャツにカジュアルなパンツといういでたちで、シックなワンピースを着ておしゃれをしていった私はなんだかガッカリして、１００％音楽を楽しむことができませんでした。

私はかなりドレスコードを気にします。毎朝、服を選ぶとき、今日はだれに会ってどこに行くのかを考えながら、自分の着たい服を決めるのです。それは、どんなシーンにも自分が心地よく溶け込みたいという理由もありますが、もうひとつの理由は、その場に同席する相手のことを考えるからです。衣食住のなかで、食と住はだれにも見せる必要がないプライベートな楽しみですが、衣の場合は必ず会う人がいる。自分が着ていく服は、その相手を想い、一緒に楽しい時間を過ごしたいと準備する「サプライズプレゼント」のようなものだと私は思っているのです。

決して奇抜なファッションで驚かそうというのではありません。自分らしさが光り、なおかつ相手に華やかさをプレゼントできるような装いを大切にしています。そんな服を着た私と出会った瞬間に相手の顔がパーッと明るくなって、思わず笑みがこぼれたら大成功！

「西さん、今日も素敵ね」

なんて言ってもらえたら、自分の生き方を褒めてもらうのと同じくらい嬉しいのです。

一人で出かけるときも、常にTPOを意識しています。街には大勢の人がいて、行く先々で人生のワンシーンを共にするからです。私にとっては単なる近所のカフェでも、隣のテーブルには、ひょっとしたら記念日を祝っているカップルがいるかもしれない。そう考えると、その方たちに不快感を与えないような装いで出向くことがやはり大切だと思うのです。

それぞれの場所で、その時々に出会う人への思いやりとリスペクト――それが私にとってのドレスコードなのだと言えるでしょう。

夜の歌舞伎座には、シャツのボタンをしっかり留めたクラシックなスタイルで。ベルトつきのスカートで上品に

#5

60代から70代へ
もっと楽しく
人生をリ・スタート

だれの人生にも好調な時期と不調な時期があるならば、私にとって60代は迷いと悲しみにあふれた時期でした。でも、この10年間があったからこそ、今の私があるのです。思いもよらぬ出来事に直面したことで、老いているのではない、前に進んでいるのだと70代からは思えるようになりました。まさに「人生に無駄なし」。今は毎日が楽しいことでいっぱいです。

いちばんの敵は自我

「西さんは、いつも元気で前向きですね」

ありがたいことに、近頃は、よくそんなふうに言われます。でも、今だからこそ正直にお話しできますが、60代の10年間はずっと〝迷いのトンネル〟の中をさまよっているような日々でした。

60歳になったとき、還暦とは人生が一周し、ゼロに戻ることだと聞きました。

「なんて素敵なことかしら」

ゼロから始めようと意気揚々、歩きだしたのはいいけれど、肉体の老化は容赦なく訪れて、去年似合っていた服が似合わなくなって憂鬱な気分に。体力や気力もガクンと衰えて、お産のとき以外は病院と無縁だった私も次々と病気やケガに見舞われました。

息子たちを出産して以来、できるだけ自然な生活を心がけ、ケミカルな薬は飲まず、ジャンクフードも口にせず、自分なりに正しいと思われる方法で、人一倍、健康には気を遣ってきたつもりです。にもかかわらず、甲状腺の病気になってしまって…。60代半ばで自分の会社の立て直しに奔走し、その無理がたたったのか、病気が悪化して脚のむくみがひどくなり、病院を訪ねたところ即入院となりました。

ところが、当時の私は素直じゃなかったんですね。自分の体のことは自分がいちばんよくわかっていると言い張って、医師が提案した治療を拒み、家族や会社のスタッフなど、みんなに心配をかけてしまいました。そんなとき、ある友人から言われたのです。

「西さんのいちばんの敵は自我だよ。病気になったら、お医者さまの言うことを素直に聞いたほうがいい」って。そのひと言が心に突き刺さり、「まな板の上の鯉になろう」と反省。それまで背負っていた重い鎧を脱ぎ捨てて、医師が提案した治療に専念したおかげで元気に退院することができました。

この経験を通じて、なにごとに対しても「こうすべき」「こうあるべき」と頑なにこだわっていた自分が徐々に変わっていきました。不要な自我を手放し、自分自身を解放したことで、それまでとは比べ物にならないほど生きることがラクになり、心も軽やかになっていったのです。

「私、最近いい人になった気がするのよ」

70代になった今、時折、友人につぶやきます。そうすると、

「そう? 昔からいい人だったわよ」

と、笑ってくれる。今の私になれたのは、暗いトンネルの中で悶々と悩んでいた60代があったから。そんな日々を経たことで、年齢を重ねることは「老化ではなく成長」だと、前向きに受け入れられるようになったのです。

選ばなかったほうの道は歩めない

自分が病気になっただけでなく、60代の10年間にはそれまでの生活を根底からくつがえすようないくつかの出来事がありました。

まず、60歳になったときに家族解散宣言をしました。それまでの約30年間は、夫と3人の息子たちに囲まれて、まるで運動部の合宿所で寝泊まりしているような日々でした。

「男の子3人を育てるのは大変でしょう？」

みなさんにそう言われましたけど、わが家の場合、夫が〝一家の主夫〟を務めてくれていたので、子育てに苦労を感じたこともあまりなく、かわいい息子たちに囲まれた生活をずっと続けたいと思っていたくらいです。でも、かわいいからこそ、いつまでも親のそばに置いておくのはいけません。自分たちの力でたくましく生きていってほしかったので、息子たちが大学を卒業したら家から出ていってもらおうと、以前から考えていたのです。

解散宣言をした当時、30歳になっていた長男はすでに独立しており、高校の3年間、イギリスに留学していた27歳の二男は一人暮らしに抵抗がな

く、大学を卒業したばかりの三男だけが私と一緒に住みたいとゴネていました。それでも、

「じゃあ、毎月5万円家賃を払ってね」

と言ったら、すんなり家を出ていきました。やれやれと安心した一方で、気がかりだったのは夫のことです。それまでの約30年間、彼の生きがいになっていたのは息子たちとの生活でした。外で仕事をしている私に代わり、食事の支度や息子たちの世話を一手に引き受けていた。私が家族解散宣言をしたことで、夫から生きがいを奪ってしまったのかもしれないという懸念があったのです。

結果として、夫は三重県にある彼の実家に帰ることになりました。義母が亡くなったあと、夫の父が一人で担っていた実家の畑仕事を手伝いたいということで、私は仕事に便利な都内のマンションに引っ越しました。

それぞれが自分に合ったスタイルで始めた新たな暮らし。それなのに、そ

の数年後に夫はスキルス性の肺がんを患って、66歳の若さで亡くなってしまった。通院治療をしていた最後の日々は私と一緒に東京の家で過ごしたけれど、こんなことになるのなら、解散などせずに家族みんなで一緒に暮らしていたほうがよかったかもしれない――ずっとくよくよしていましたが、答えは今も出ていません。ただ、ひとつ言えるのは、いくらその決断が正しかったかどうか悩んだところで、選ばなかったほうの道は決して歩めないということです。AかBか、自分の意志でどちらかを選んだのですから、選んだほうの道でベストを尽くしていくしかありません。まだまだ試行錯誤の日々ですが、人生のフィナーレに、「この道を選んでよかった」と思えるように生きていきたいと思います。

夫への手紙

２０１９年の秋に亡くなった夫は寡黙で穏やかな人。おしゃべりで喜怒哀楽が激しい私とは対照的な性格でした。愛称はよっちゃん。彼の病気がわかったとき、「仕事をやめようか?」と聞いた私に「やめたら、今後の生活が困るだろう」と言ってくれました。その言葉のおかげで、私は今でも好きな仕事を続けられているのです。

よっちゃんへ
お元気ですか? そちらの生活はいかがですか?

あなたのことをなにかにつけて思い出します。

病と闘っていたあなたがお風呂の湯船につかりたいなぁと言ったとき、湯船の中に椅子を置いて入ればいいじゃないって、満足にとりあってあげなかった。

もう一人で入る体力もなかったんだよね。

なんてひどいことを言ったんだろう。

ごめんなさい。思い出すたびに、涙が出ます。
抗がん剤治療を受けて辛かったはずなのに
仕事から帰ってくる私のために、
炊き立てのご飯と熱いお味噌汁を作って待っていてくれた。
いつも待たせてしまい、本当にごめんね。
あなたと過ごした日々はとても幸せでした。
あなたが与えてくれた、たくさんの愛情が今の私を支えています。
「人のために骨を折るのは案外いい人生です」
山本一力さんの言葉を借りて、
よくそう言っていたあなたを思い出します。
まだまだ十分ではないけれど、
私も少しは人のために生きられる人間になりました。
これもあなたからの贈り物です。
いつか再び会えたら、もう一度「ありがとう!」と言わせてね。

プチプラのパールピアス

「こんなに早く逝ってしまうなら、せめて1年くらいは仕事を休んで、そばにいてあげればよかった」

夫が亡くなってからしばらくは、朝も夜も、泣いてばかりの毎日でした。毎朝、ベッドの中で目を覚ましたときに、ちょっぴり甘えて、夫の脚に頭を乗せるのが好きだったなぁって。これまで私に与えてくれたさりげない優しさやたくさんの思いやり――夫を失ったあとにあらためて気づいたかけがえのない幸せを思い出すたびに、涙がこぼれてしまうような日々でした。

当時は、手に取るのも黒い服ばかりで、アクセサリーをつける気にもなりませんでした。たまには違う色の服を着ようと思っても、どうしてもダークな色の服を選んでしまう。そんなある日、夫が亡くなってから1年ほどたった頃でしょうか。

「パールのピアスをつけてみようかな」

ふと思い立ち、落としても悔やまぬように1000円のピアスを買ってつけてみたところ、沈んでいた顔がパールの輝きで照らされて、少しだけ気持ちが明るくなりました。そして、そのことをきっかけに、

「もう一度、前を向いて歩こう」

という意欲が徐々に湧いてきたのです。時間が癒やしてくれたのかもしれませんが、アクセサリーや服の力は本当に大きいと思います。1000円のピアスのおかげで、まさに喪が明けたような瞬間を得ました。それから、カラフルな服を着るのが楽しいと再び感じられるようになったのです。

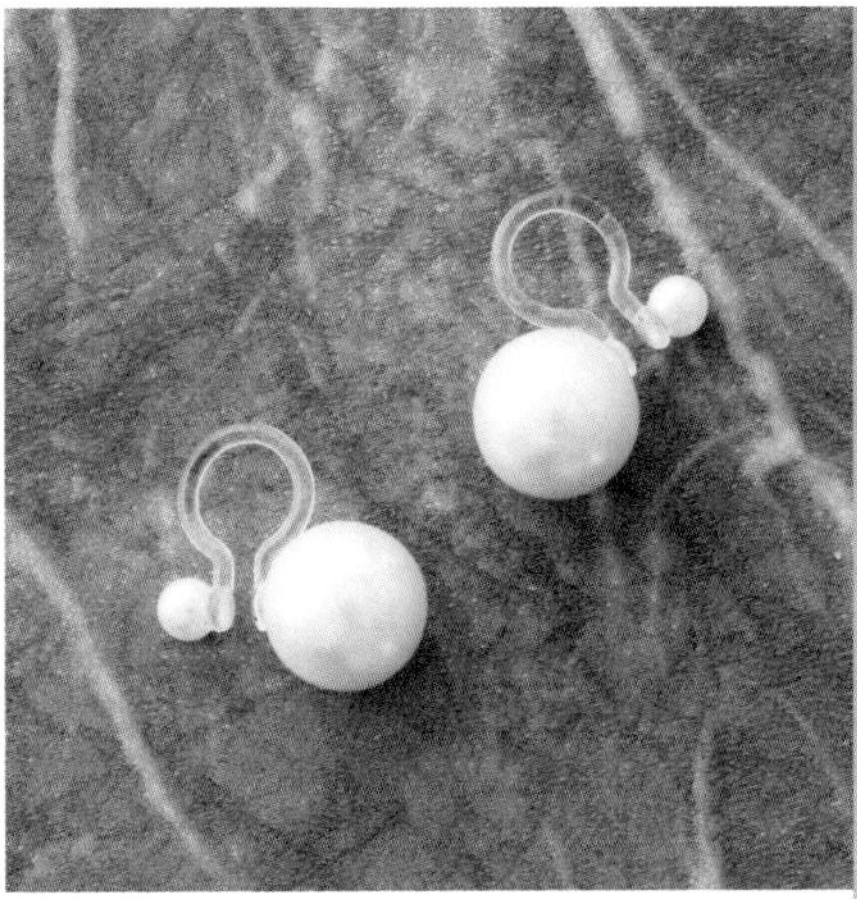

1000円のピアス、たったそれだけでこんなに笑顔になれるなんて、ファッションの力は不思議。われながらいい笑顔です

自分の機嫌は自分でとる

60代からの人生を楽しむために、「自分の機嫌は自分でとる」ことを意識するようになりました。正直な話、もともとの私はそれほどポジティブな性格ではありません。些細なことを気にしてくよくよ悩んだり、落ち込むときはどん底まで落ち込みます。そんなアップダウンの激しい自分の機嫌をとってあげられるのは自分だけ。自分自身に、常にそう言い聞かせるようにしています。

たとえば、仕事に出かけようと思った矢先に電話がかかってきて家を出るのが遅れ、ただでさえ焦っている上に、車を走らせれば信号はすべて赤。そんなとき、怒ってイライラしていると、たちまち心がネガティブなモードになってしまいます。

「今朝、掃除をしないで、家を出たせい？」

「夕べ、息子とロゲンカをしたから、こんな目にあうの？」

悪いほう、悪いほうへと考えて、どんどん落ち込んでしまうのが私の悪いクセ。そんなときは、「ええ、ままよ」と開き直って、発想を180度変えるようにしています。

「多少、家が汚くても死ぬわけじゃない」

「赤信号は、焦って危険な運転をしないように、私にブレーキをかけてくれたんだ」

というように。そうすると、心がふっと軽くなり、自然と笑顔になれるのです。

雨が降って憂鬱な日でも、

「よかった。公園の木や花が喜んでいる」

と考えれば、穏やかな心で一日が過ごせます。

「今日はなんの予定も入っていない」

とヤル気が出ない日は、

「やった！　新しくできたパン屋さんに行けるいいチャンス！」

とポジティブに。そんなふうに考えられるようになったのも「年の功」かもしれません。

60代は目立つ、70代はとんがる！

もう一度、前を向けるようになったとき、これからの人生をもっと楽しく生きていくにはどうすればいいのかと考えました。そして、それには、やっぱり服の力を借りるのがいちばんだと気がついたのです。

30〜40代でコーディネートの基礎を学び、50代のときは個性的なデザインの服を着ていたこともありました。ベーシックな服からアーティスティックな服まで一通り経験したので、だったら60代からは自分が好きな服だけを自由に着ていこうと決めました。バラエティ番組のスタイリングに携わり、「派手な服なら、西ゆり子」と言われたときの感覚を思い出し、「目立って、なんぼ」の服を着ることを存分に楽しんでいこうって。

そして、70代からはさらにとんがる！　夫を亡くして一人になった私の心の奥から、

「一度きりの人生。やらずに悔やむより、やりたいことはどんどんやっちゃえ！」

という声が聞こえてきました。この年齢になったら、どんな服を着よう

青いドット柄のシャツは襟元には赤い花柄が。柄×柄？ なんて視線は気にしません！ 私にとっては最高にかわいい一着

と周囲は大目に見てくれます。花柄のワンピースだろうが、ヒラヒラのフリルがついたブラウスだろうが、裸で道を歩かない限り、他人に迷惑をかけることもないですからね。

好きな服を着ることは自分自身を表現することだと思います。この先もますますとんがって、これからの私がどんなふうに変わっていくのか楽しみでなりません。新しい服に袖を通すたびに未知の自分に出会える——そんな希望が胸いっぱいに膨らんでいます。

『着る学校』という新たな挑戦

「お料理教室も着物の着付け教室もあるのに、なぜ、『服を着る』ことを教える教室はないのかしら？」

かねてから抱いていたそんな疑問を投げかけたところ、

「なるほど、では『着る学校』をつくりましょう」

と賛同してくれるスタッフがいて、２０２３年6月から『着る学校』を開講する運びになりました。おかげさまで、現在オンラインで登録してくださっている生徒さんの数は約５３００人。毎月行っている対面レッスンも、年齢や境遇を超えて様々な生徒さんたちに楽しんでいただいています。

生徒のみなさんはだいたい50代前後の方が多いでしょうか。子育てが一段落して時間に余裕が生まれたときに、ふと自分の服装に迷ってしまう。あるいは更年期に伴う見た目の変化から、それまでの服が似合わなくなる…

そういった悩みから、戸を叩いてくださる方が多いように思います。

実のところ、スタートするまではちょっぴり不安もありました。かれこれ45年以上、スタイリストの仕事に携わってきたものの、これまで私がスタイリングをしてきたのは主に俳優やタレントといった芸能人。一般の方たちに、「服を着ること」の基本や楽しさをきちんと伝えられるだろうかと心配だったのです。でも、その不安はあっという間に消えました。一人でも多くの方に自分の好きな服を自由に着こなしていただきたいと、その土台となる「色」「バランス」「素材」などの基礎知識をお教えしていくうちに、みなさんの顔つきが明るくなって、どんどんおしゃれになっていく。生徒さんたちのそんな変わりようを目にすると、まるでわがことのように嬉しく感じます。

70代から始めた『着る学校』。この新たな挑戦をいちばん楽しんでいるのは、きっと私自身なのでしょう。

『着る学校』の授業では、生徒一人ひとりにショーの気分でウォーキングしてもらいます。みんな個性のある服で素敵！

『着る学校』の生徒たちと。回を追うごとにおしゃれで楽しそうになる彼女たちの笑顔から、パワーをもらっています

70代からの一人暮らし

新たな挑戦として、次に考えているのは「一人暮らし」です。

同世代の友人と話をすると、時折「終《つい》の住み家」が話題に上ります。

「みんな、どうするんだろう?」

気にならないわけではないですが、私自身の終の住み家を決めるべきかどうかは、今のところ、まだよくわかりません。


それよりも、そろそろ一人暮らしをしようと考えています。というのも、60歳のときに一度家族解散をしたものの、夫が亡くなる少し前から私が住んでいるマンションに二男と同居していたのです。当時は自分の会社の経営を二男に引き継ごうと考えていたのでした。

しかし、そんな予定とは無関係に夫が病気になって、治療のかいなくあっという間に亡くなってしまった。同時に、私自身も病気をしたり、転んで大腿骨を骨折したりと災難が相次ぎ…そんな状況の母親を一人にしてはおけないと、二男は私のそばを離れられなくなってしまいました。そのせいで、もともと一人暮らしを謳歌していた彼を、私のもとに何年も引き留めることになってしまったのが心苦しくて…。

「もう大丈夫！」

安心して自分の人生を歩んでもらうために、そろそろ二男との同居を解消し、一人暮らしをすることに決めました。これが5年後、10年後になってしまうと、さすがに一人で暮らすのは難しくなってしまうかもしれませんが、72歳ならまだ大丈夫です。勇気を持って、新たな一歩を踏み出すチャンスは今しかありません。

正直な話、久しぶりの一人暮らしの計画に、ちょっぴりワクワクしています。場所はどこがいいかしら？　今の家にある家具や食器は息子に譲り、リビングとベッドルームがひと続きの15畳くらいのワンルームを借りて、お気に入りのソファーとテーブル、あとは最小限の食器を新しく買いに行こうって。この年齢での一人暮らしはそれなりに苦労もあるでしょうけど、それもまた一興です。いくつになっても、「守り」に入ってしまう人生はつまらない。「ダメだったら、まただれかと一緒に暮らせばいいや」くらいの気軽な気持ちで、目下、新しい住まいを探しているところです。

10年後の私が着たいのは、どんな服？

「10年後になりたい自分をイメージして、新しい服を買いましょう」

『着る学校』の生徒さんたちには、繰り返しそうお伝えしています。なぜならば、どんな服を着るのかは、その人の生き方そのものだと、私は思っているからです。新しい服を買う前に、まずはこれからの自分はどんな人生を歩んでいきたいのか、10年後にはどんな自分になっているのが理想なのか――目標をきちんと定めてこそ、自分らしいおしゃれが楽しめるのだと思います。

10年というのは目安ですが、服以外のものでも、10年後まで大切にできているかどうか、というのは私のなかのひとつの基準です。素敵なお店を紹介されたときには「おいしいけど、10年後も通うかな」と考える。大好きなお菓子はとらやの羊羹やウエストのシュークリームで、時間を超えて長く愛されるものに価値を感じます。だからこそ、服を選ぶときにも「10年」が大事な基準になるのです。

ちなみに、私の10年後は80代。自分はどんな80代になっていたいのかを考えるに、服やおしゃれに関する仕事はずっと続けていきたい。いくら年齢を重ねても、やっぱり「着ること」が好きなので、生涯、好きなことにまい進していく生き方が私には合っているのだと思います。とはいえ今よりはゆったり仕事をしたり、着ることがラクな服を選んだほうが体は心地いいだろうから…シルクでできたカットワークのレースのブラウスに、ゆるめのタイトスカート、そこに帽子といったコーディネートが似合いそう。背筋がシャンと伸びるジャケットや、ウエスト切り替えのベーシックなワンピースもワードローブに加えて、仕事も日々の生活も、ひとつひとつ丁寧にたおやかに過ごせるように。そんな10年後の自分を想像すると、またワクワクしてきます。

「あんな80代になれたら素敵よね」

そんなふうに言ってもらえたら本望です。10年後の私が、今よりもっと自由におしゃれを楽しんでいることを願いつつ、服と共に歩んでいく人生はまだまだ続いていきそうです。

おわりに

―新たなチャレンジに終わりはない―

「西さん、エッセイを書いてみませんか?」

孫のような年齢の編集者さんにそう言われたときは、本当にビックリしました。これまで45年以上、スタイリングの世界一筋で生きてきた私です。「おしゃれの基本」をお教えするファッション指南本はこれまでにも出版したことがありますが、エッセイを書くなんてこれっぽっちも考えたことはありませんでした。

でも、いくつになっても新しいことに挑戦するのはワクワクします。「私に書けるのかしら?」と、当初は不安もありましたけど、書いているうちにどんどん楽しくなってきて。あのときはあの方に本当にお世話になったなぁ、幼い息子たちと過ごした時間はとても楽しかったなぁって。きちんと文章にすることで、これまで自分が歩んできた日々をあらためて整理することができたのが、この上なく楽しい時間だったと思います。

もちろん、文章に関してはシロウトですから、担当編集者の市原さんをはじめ、スタッフの方々にも大変お世話になりました。サポートしてくださる方々がいてくれたおかげで、自分の思いのままに、楽しく自由に書くことができました。このつたないエッセイを手に取ってくださった読者のみなさんにも、心から「ありがとう」とお伝えしたいです。

「人生100年時代」と言われる現在、人生はまだまだ続きます。年齢を重ねていくにつれ、楽しいことばかりではなく、悲しいことや辛いこともあるでしょう。そんなとき、ふとこのエッセイを開いていただけたら嬉しいです。なんらかの壁にぶちあたったとき、服の力がきっとあなたを助けてくれるでしょう。服の力を借りて、人生の最後まで前向きに。このエッセイが、みなさんの毎日に少しでも明るい彩りを添えることができたら、こんなに嬉しいことはありません。

2023年6月　きらめく日差しの中で

西ゆり子

西ゆり子（にし ゆりこ）

1950年生まれ、スタイリスト。雑誌や広告のスタイリングを手がけたのち、テレビ番組における スタイリストの草分け的存在となる。これまで担当した作品は『電車男』『のだめカンタービレ』『セカンドバージン』『リーガル・ハイ』『ファーストクラス』『家売るオンナの逆襲』『時効警察』『七人の秘書』等、およそ200作品。2019年度、「日本女性放送者懇談会50周年特別賞」を受賞。著書に『ドラマスタイリストという仕事 ファッションで役柄をつくるプロフェッショナル』（光文社刊）、『ドラマスタイリスト西ゆり子の服を変えれば、人生が変わる』（主婦と生活社刊）

Life Closet

発行日　2023年7月26日　初版第1刷発行

Yuriko Nishi

著　者　西ゆり子
発行者　小池英彦
発行所　株式会社扶桑社
〒105-8070
東京都港区芝浦1-1-1　浜松町ビルディング
電話　03-6368-8873（編集）
03-6368-8891（郵便室）
www.fusosha.co.jp
印刷・製本　凸版印刷株式会社

ISBN978-4-594-09457-7